AF410465

【当代华语世界思想者文库】

陈慕华主管计划生育

Chen Muhua Oversees Family Planning

"一胎化"生育政策的产生及其管制国民生育行为的
计划生育制度的建立；兼评中国现代人口学浪漫主义

梁中堂人口研究文集·卷四

梁 中 堂

By Liang Zhongtang

【当代华语世界思想者文库】

学术顾问：黎安友、郭汤姆
主　编：荣　伟
Academic Adviser:　Andrew J. Nathan, Tom Kellogg
Chief Editor:　　　David Rong
Published by Bouden House, New York
ISBN:　979-8-90257-020-2 (Paperback)
　　　　979-8-90257-021-9 (eBook)

Chen Muhua Oversees Family Planning

By Liang Zhongtang

梁中堂人口研究文集·卷四
陈慕华主管计划生育

梁中堂　著

出版：博登书屋·纽约（Bouden House New York）
邮箱：boudenhouse@gmail.com
发行：谷歌图书（电子版）、亚马逊（纸质版）
版次：2026 年 2 月 第 1 版 第 1 次印刷
字数：130 千字
定价：$30.00 美元

序　言

　　这本小册子的书名除了副标题"'一胎化'生育政策的形成与管制国民生育行为的计划生育制度的建立；兼评中国现代人口学浪漫主义"，是这次写作的时候才加上去的以外，主标题《陈慕华主管计划生育》是10年以前就拟定好了的。那时研究计划生育历史已经进入状态，先后完成了《"一胎化"产生的时代背景研究》（2006-2007）、《论改变与改革计划生育制度》（2007）、《新中国六十年的计划生育——两种含义和两个三十年》（2009）、《论"公开信"》（2010）、《"四人帮"与计划生育》（2012）、《鹿耶，马耶？田雪原的中央人口座谈会》（2013）、《艰难的历程：从"一胎化"到"女儿户"》（2014）、《谁主沉浮？中国现行生育政策的决策体制与机制研究》（2015），等等。与此同时，还拟定了包括这本小册子在内的几个专题，计有《陈慕华主管计划生育》《钱信忠与1983年大结扎》《左冲右突——胡耀邦赵紫阳与计划生育》，以及关于80年代的几个学派的《纸上谈兵，书囊作帷》，等等。那时已经与中国人口学会做了切割，基本上不参加学术活动了，写出来的东西就都贴到我的博客上。突然有一阵子无论张贴什么都被屏蔽，也就失去了继续写下去的冲动，转做早年计划的用政治经济学原理研究上个世纪的两次世界大战的历史去了。

　　人本是野兽，所以多少还有点野兽的性情。读者都听过狗熊掰棒子的故事，至少我就有类似的性情。随着新领域所作研究的深入，愈益感觉新的研究的重要性，已经不准备再回去了。直到去年写了一篇纪念魏云鹏的文章，本想是一个小插曲，不料被顾宝昌先生看到以后，又发给我一篇《计划生育政策是谁设计出来的》，就改了主意。

　　顾先生发的文章是多年前就在网络上流传过的，转述美国 Susan Greenhalgh 在 2008 年出版的一本书里的观点，说邓小平接受国防科技专家宋健的建议，为中国制订了"一胎化"的生育政策。因为笔者恰好与 Susan Greenhalgh 还算熟悉，知道她的这本书是在中国大陆与许多学人访谈的基础上写出来的，所以，"一胎化"源自于宋健说的源头还是在国内。但是，因为它有着"出口转内销"的性质，所以在国内有很大的市场。

顾宝昌先生是最早接受联合国人口基金资助学成归国的人口学家。从他开始，拿到洋学位陆续归国的有一批人，甚至是一大批人。1993 年，刘铮去世后，教育部的官员说刘铮是中国人口学的开拓者之一。后来的邬沧萍教授甚至说他自己才是最早的中国现代人口学的开拓者，中国人口学似乎就是人大人口学团队开拓的了。其实这话不那么符合事实。从 1987 年顾宝昌先生归国开始，陆续回来许多人，以致自 90 年代以后的中国人口学逐渐转变为洋博士的天下，而以刘铮查瑞传邬沧萍为代表的中国人民大学的人口学团队的风头不健，甚至式微了。所以，从长历史看，刘铮的中国人民大学的人口学团队只是拉开了中国人口学的帷幕，而中国人口学的正剧却是由归国的洋博士们主演的。

不过，当留学生从海外拿了博士学位回来的时候，腥风血雨的计划生育时代已大致走过，历史进入到矛盾有所和缓的彭珮云与后彭珮云时期，——用计划生育术语来表述，是现行生育政策或稳定现行生育政策的时代。那时的中国还是一个以农为主的国家，计划生育的根本问题是农民。管制国民生育行为的计划生育制度从陈慕华经典的即不分城乡、不分民族的"一胎化"政策起步，一上手就搞得鸡飞狗跳墙的。10 年后，彭珮云力排众议在全国农村推行"女儿户"，一下子满足了大约一半农民生育二孩的愿望，所以社会矛盾有了很大的缓解。拿了洋博士学位的人口学家，看到的是矛盾有所缓和的计划生育，而对已经揭过去的一页历史并不熟悉，他们相信计划生育是马寅初提出来的，毛泽东先是接受了马寅初的建议，后来又反悔批判了马寅初，——更以为历史上真的有位铁骨铮铮、敢于和身后站着"伟大领袖毛主席"的康生叫板而高喊"直到战死为止、决不投降"的马寅初；认为"一胎化"来自于宋健，是邓小平科学与民主决策接受了宋健的建议才制订出来的生育政策；"一胎化"是 1980 年 9 月 25 日，中共中央发布的《关于控制我国人口增长问题致全体共产党员共青团员的公开信》才正式提出来的；中央实行"一胎化"的时候，就已经布局了许多允许生二胎的试点，对从"一胎化"到"普遍二胎"，早有了部署；从 1984 年以来，全国一直执行有地域差别的计划生育政策，等等，等等。收到顾宝昌先生转来的文章时，笔者正在写回忆人大人口学团队的文章，意识到中国现代人口学除了霸权主义以外，还有一种浪漫主义。这是促使我要重新捡起 10 多年前的旧题目的主要原因。

需要向读者说明，文中用了一个章节的篇幅叙说笔者的思想主张与实践。那是因为直到现在，中华民族的人口总量都已经出现负增长了，而以研究中国人口问题为己任的庞大的中国现代人口学却还没有一点问题意识，更没有人敢于站出来清算一下"一胎化"及其管制国民生育行为的计划生育制度对我们的危害。相反，一直被官方视之为非主流的笔者的人口学著述却是从陈慕华提出"一胎化"伊始，就一直持公开的批评与批判的立场的。这本就是历史。只是官方和主流叙述的历史从不如实叙述罢了。如果历史一直如此这般地流转下去，那分明是说当一个潮流打过来的时候，当历史驶入弯道甚至长时期在弯道里行驶的时候，中华民族仅只是被动地接受了，诺大的一个民族只有随波逐流和逆来顺受，而没有质疑，没有反思，没有抵制，没有反抗与批判，更没有思想意识形态和理论战线上的斗争。这不是事实，不是真实的历史。笔者在这本小册子里特别设置这么一个章节，是向世人传达一个清晰的事实，——中华民族本是一个有斗争精神和有理性思维的民族。

另外，这篇文章采取了一些不规范的写作方法。一个是正文里完整地放置了许多份原始资料，它们与本文的风格明显地不一致，甚至还有与本文完全无关的内容，必然地影响了阅读者的情绪和效果。但是，之所以这样，是因为读者过去很难看得到这些文献。笔者做这样的处理，是为了让读者能看到原原本本的资料，便于他们独立地做出自己的判断。二是必须说，我们是在研究当代史，尤其是研究目前还未能完全走出来的一段弯路的历史，大多数资料不是档案馆里看不到，就是不开放。好在这是笔者走过的一段历史，笔者手里就有相关的资料和文献，也许它还是"孤本"。所以，在文章的脚注里出现了许多个"梁中堂室藏人口与计划生育研究资料"。这是其他任何人的研究，尤其是主流的人口学家们的著作里都不会发生的，需要多做点解释。

40 多年来，笔者凡得到的有关人口与计划生育的资料，即使是一张纸，也都异常珍惜地保存起来。2006、2007 年，因为研究计划生育历史，开始把手头的资料系统地整理出来。整理出来的资料叫什么？那时也没有想很多，因为都属于个人书房里的东西，本只是为个人研究服务的，自然就用了"梁中堂室藏人口与计划生育研究资料"。

这些个人所藏资料主要来自以下几个方面。一是笔者早年参加学术活动或计划生育工作会议保存下来的，这是基础。二是从上个世纪 80 年代初中期开始，国家计划生育委员会的朋友们的赠与。尤其是 1985 年山西省翼城县生育二胎的试点运行以后，国家计划生育委员会的许多位工作人员，为帮助我了解中央和国家计生委的动态，主动给我寄送的资料。第三部分是从 90 年代中后期开始，笔者搜集的全国各地的计划生育资料。包括互联网时代以后，笔者从网上购买的资料。第四部分是新世纪以来，一些从事计划生育工作的老朋友的赠与。包括国家计划生育委员会的一些老同志，把他们手上的资料，甚至一些手稿和工作笔记，打包赠送给我。这一部分为数还很不少。因为都是赠予我的，继续按照"梁中堂室藏人口与计划生育研究资料"的方式整理编排，也未尝不可。事实上，有不少都已经按照这样的原则编辑整理了。但是，因为有几位朋友的资料自己编排的就很有逻辑，很整齐，或者因为赠与的量很大，我则都仿照"梁中堂室藏人口与计划生育研究资料"的样式以赠予者的名字单独命名了，譬如《王铁稳所藏人口与计划生育资料》《曹忠义所藏人口与计划生育资料》，等等。王铁稳和曹忠义都是基层计划生育工作者。他们都是有心人，早在认识我以前很久，就分别把自己几十年工作期间所收藏的资料按照时间发生的顺序整理出来了。

在这里有必要介绍一下萧振禹先生赠送我的资料。萧振禹早在1973 年国务院计划生育领导小组产生以前，就在商业部负责计划生育药械的计划采购和分配。国务院计划生育办公室设置以后，调过来继续做这方面的工作。后来的计划生育也要搞统计，而那时的国务院计划生育办公室的编制又很有限，老萧就又兼做统计工作了。所以，一直到 80 年代中期离开国家计划生育委员会，萧振禹一直在机关做计划生育的主要业务工作，尤其是主持了 1982 年的全国 1‰生育率调查，这都是载入中国人口史册的大贡献。10 多年前，笔者知道萧振禹手上保存有不少的资料，就建议他整理出来。老萧断断续续地做了一些整理工作，后因健康的原因做不下去了，索性打包就都送我了。笔者翻检过几次，果然有不少特别珍贵的文献，比如笔者在这本小册子里引述的，1983 年钱信忠在全国搞大结扎，主持中央书记处日常事务的习仲勋把国家计生委党组的几个成员集体召唤过来，当面批评他们这是"镇压人民"。它表明"一胎化"以及管制国民生育行为的计划生育制度的产生初期，中央领导集团里是有不同的认识，有不同的作为的。但是，如果不是萧振禹保存的资料，这一具有深远意义的历史可能永远都无法让人知道。萧振禹送我的资料不仅数量多，而且内容繁杂，如果用过去的办法，由雇用的打字员仅依据时间顺序自行录入排列，可能越搞越乱。所以，这最重要的一部分却迟迟没有进入整理的程序。

笔者知道自己手头的资料多而宝贵，不该长期存放在个人书房，所以在许多年前就寻找它的归宿，想无偿地把包括自己已经转换为电子版的数千万文献在内的全部资料捐献给哪个部门或机构，声明只要有合适的接受者，笔者就放弃所有权和个人冠名权。遗憾的是，至今也没有遇到理想的接手人。趁这本小册子完成的机会，——这也算笔者与中国人口学的告别——再向社会宣传一下，一是为我的资料寻找一个合适的主人，另外告诉人口学家，笔者手上拥有不少的计划生育资料，仅完成电脑录入的部分已有近万条，千万以上的文字，有研究需要者，笔者可无偿提供电子版的资料。

因为这是一本有关历史的书，所以用马克思和恩格斯的一句话作为结束：

我们仅仅知道一门唯一的科学，即历史科学。

是为序。

梁中堂
2024 年 6 月 8 日于上海芋薯宅

目　录

　　那是最好的年月，那是最坏的年月；那是智慧的时代，那是愚蠢的时代；那是信仰的新纪元，那是怀疑的新纪元；那是光明的季节，那是黑暗的季节；那是希望的春天，那是绝望的冬天；我们将拥有一切，我们将一无所有；我们直接上天堂，我们直接下地狱——简言之，那个时代跟现代十分相似……

——狄更斯《双城记》

　　新中国的政务，是通过设置一正和数位副职实施国家事务管理的。正职官员负责某一方面的全面工作，对全局负有责任，称主持。副职往往分工某一或某几个方面，协助正职领导和管理，一般称分管。比较正职领导的全面工作，副职仅分管一项或几项，有时也称其分管的工作为主抓、主管。所以，分管与主管并没有严格的界线。但是，我们在本文所设定的"陈慕华主管计划生育"，其"主管"则有着严密的定义，它是指 1978 年 6 月 21 日国务院发 117 号文件任命国务院副总理陈慕华为国务院计划生育领导小组组长[1]，到 1982 年 5 月 4 日全国人大常委会免去陈慕华的国家计划生育委员会主任职务[2]为止，约 4 年的时间。期间陈慕华以国务院副总理兼职国务院计划生育领导小组组长，1981 年 3 月 6 日全国人大常委会通过决议设置国家计划生育委员会，撤销国务院计划生育领导小组，任命陈慕华为国家计划生育委员会主任。陈慕华是政治局候补委员、国务院副总理，同时又是国务院组成单位的计划生育管理部门的首长。这不是一般意义的领导分管，更不是某个部门首长的主持，而是作为政治局候

1　梁中堂室藏人口与计划生育研究资料，1978062100，《关于调整补充国务院计划生育领导小组领导成员的通知》国发[1978]117 号。

2　彭珮云主编《中国计划生育全书》，中国人口出版社，1997 年，第 460 页。

补委员和国务院副总理直接担任计划生育部门的首长，直接领导并主持全国的计划生育工作。

　　陈慕华主管计划生育以后，通过举国上下实行极为严厉而又整齐划一的"一胎化"生育政策，迅速建立起管制国民生育行为的计划生育制度。这一制度无论在中国，还是人类史上，都属绝无仅有。从1979 年 6 月 27 日陈慕华在中央党校作《实现四个现代化，必须有计划地控制人口增长》的报告中公开提出"一胎化"算起，到 2015 年 10 月党的十八届五中全会实行"全面实施一对夫妇可以生育两个子女的政策"为止，[3]"一胎化"的生育政策和管制国民生育行为的计划生育制度，在新中国 66 年的历史中存续了 37 年。

3　2015 年 10 月 29 日，中共全会公报提出全面实施一对夫妇可生育两个子女政策。2015 年 12 月 2 日，国务院常务会议通过《中华人民共和国人口与计划生育法修正案（草案）》，并决定将草案提请全国人大常委会审议。2015 年 12 月 27 日，全国人大常委会表决通过了人口与计划生育法修正案，全面二孩政策随即于 2016 年 1 月 1 日起正式实施。本文常以 2015 年 12 月为标准日期，特别说明。

第一节

陈慕华主管以前的计划生育政策及其生育制度

　　传统的农业社会是一种自然经济，与其相适应的人类生育制度也是自然生育。15 世纪末至 16 世纪初，从西欧边陲的几个民族国家内部生长出一种为市场提供商品的生产方式，后来的人们称其为市场经济。市场经济改变了世代自然生活的状态，也改变了自然生育制度。18 世纪中期，西欧国家的城市市民中出现了节制生育，它以改变自然生育为主要内容，从个人和家庭的具体条件出发自觉推迟结婚和生育，包括主动采取避孕措施，以及通过人工流产的方式减少生育。

　　中国最早的节制生育发生在 20 世纪 20 年代，由留美归国学生首先在上海等东部大城市开展宣传，提倡妇女新生活为主要内容。新中国的节制生育运动，则是从 1955 年中共中央指示中央卫生部倡导节制生育开始，一直是由政府领导实施的。在此以前的一个较短的时期，一方面是传统的国家卫生管理制度，限制人工流产。另外一个重要原因，受建国前夕毛泽东发表的《六评白皮书》（1960 年收入《毛泽东选集》第四卷时改名为《唯心历史观的破产》）中批判美国国务卿艾奇逊把中国人口多当作革命原因的观点的影响，党和政府是不赞成节制生育，甚至明确限制人工流产的。

　　中共中央公开表明态度，主张节制生育，是从 1954 年 12 月 27 日，由刘少奇出面召开的节制生育问题的座谈会开始的。参加那天座谈会的有政务院第二（文教）办公室、卫生部、轻工业部、商业部、中共中央宣传部、中华全国民主妇女联合会等部门或单位的负责人。刘少奇在座谈会的总结讲话中直截了当地说：

关于节育问题，我们党、我们的卫生机关和宣传机关，是提倡还是反对？有些人是反对的，有的人还写了反对文章。现在我们要肯定一点，党是赞成节育的……[4]

会后，1955 年 2 月，中央卫生部党组就向中央写了《关于节制生育问题向党中央的报告》，检讨卫生工作中对包括人工流产等环节在内的不利于群众节育的制度安排，中央就此向全党批复说：

节制生育是关系广大人民生活的一项重大政策性的问题。在当前的历史条件下，为了国家、家庭和新生一代的利益，我们党是赞成适当地节制生育的。各地党委应在干部和人民群众中（少数民族地区除外），适当地宣传党的这项政策，使人民群众对节制生育问题有一个正确的认识。[5]

以此为起点，由中国共产党所领导的节制生育工作就在全国开展起来了。只是从 1979 年开始出现了一种说法，说中央政府推行计划生育工作以后，一度又不积极了。这话是没有依据的，不正确的。作为政府的一项重要工作，节制生育和计划生育虽然时紧时松，却始终没有因改变政策而停止过。之所以出现批评中央政府放松计划生育的观点，是因为从 60 年代初期到 70 年代大约 10 多年里，出现了人口的高出生和高增长。人们把这 10 几年的人口生育潮当作是没有抓计划生育工作的结果，但是，如果稍稍加以研究，就不难发现，恰好是这个时代，中央开始改变过去由中央卫生部推行节制生育的工作模式，而是由党中央和国务院走到前台，直接推动和指导全国的计划生育工作了。我们简单列举几份文件：

1962 年 12 月 18 日，中共中央、国务院颁发中发〔62〕698 号文件《关于认真提倡计划生育的指示》；

4　《刘少奇选集》下卷，人民出版社，1985 年，第 171 页。

5　《中共中央对卫生部党组关于节制生育问题的报告的批示》总号〔55〕，《中国计划生育全书》，第 1 页。

1965 年 6 月 23 日，中共中央、国务院颁发中发[65]385 号文件，批转《上海市委、市人委关于计划生育工作的报告》；

1966 年 1 月 28 日，中共中央颁发中发[66]70 号文件，下达《中央关于计划生育问题的批示》；

1974 年 12 月 31 日，中共中央颁发"毛主席已圈阅"的中发〔1974〕32 号文件，批转上海市革命委员会和中共河北省委省革命委员会关于计划生育工作的报告。[6]

这些文件的时间正好分布在中国人口的高出生时期，它们充分说明，那种指责中央一度放松计划生育工作，导致中国人口出现盲目增长的观点是不符合事实的，——即使文化大革命那么混乱的局面下，中央和地方也没有停止这方面的工作。譬如，1971 年 10 月，中央卫生部在江苏省如东县召开计划生育工作经验交流学习班，推动全国的计划生育工作。[7]经过 8 天的会议交流之后，卫生部军管会又将会议交流总结的"加强党的领导、大搞群众运动、建设一支革命化的技术队伍、各部门都要大力协同、做好妇幼卫生工作、要制订一个规划"等八条经验，向全国做了通报。[8]特别重要的是，通过上述 1966 年中央 70 号文件，计划生育已经由城市推及到农村，全国的妇女生育率已经下降到接近更替水平。[9]另外，笔者手头有一份 1971 年 7 月河南省开封市文教卫生局的一份文件，该文刊载南柴屯大队（现属开封市鼓楼区）早在 1971 年就建立了由农村生产大队的支部书记为组长的计划生育领导小组，各个生产小队都有计划生育宣传员。第六

6　《中国计划生育全书》，第 4、6、8、10 页。

7　梁中堂室藏人口与计划生育研究资料，1971101900，中华人民共和国卫生部军管会《关于举办计划生育工作经验交流学习班的通知》[71]卫军管第311 号。

8　梁中堂室藏人口与计划生育研究资料，1971123100，中华人民共和国卫生部军管会《印发关于开展计划生育工作的经验》（71）卫军管字第 422 号。

9　根据 1982 年全国 1‰生育率抽样调查，1968 年全国妇女总和生育率为6.448，大约是传统时代的中国妇女的生育率。到 1980 年已经下降到 2.238，接近更替水平。中国人口情报资料中心《中国人口资料手册》1983，第 245-257 页。

生产队蒋某某，在干部多次动员后，上了节育环。宣传员王金荣发现队里有人怀孕了，及时作了动员工作，实行了人工流产。[10]这些情况都充分说明，包括文化大革命时期，新中国的计划生育工作都从未终止过。

毛泽东去世以后，确切地讲，从 1979 年开始，社会广泛流传一种观点，说控制人口和实行计划生育的主张最早是由马寅初提出来的，毛主席接受了这一建议，后来又反悔了，指示康生陈伯达批判了马寅初。笔者在《马寅初考》[11]中已经考证，计划生育是毛泽东在 1956 年至 1957 年所形成并提出的一个概念，它的基本含义是国民的生育应该与国家的经济计划相联系，实行有计划的生育。毛泽东于 1957 年 2 月 27 日在最高国务会议的讲话中讲到了这一设想，3 月 1 日的大会发言中，马寅初回应了毛泽东的这一观点。[12] 所以，计划生育的发明权是毛泽东的。自从毛泽东提出计划生育的概念以后，中国政府把对节制生育的表述逐步改称为计划生育。所以计划生育有两个不同的含义，一个是在西方节制生育的意义上，是人民从现代市民生活的需要出发自行安排的推迟婚姻和节育活动，一个是只有新中国由政府推行的限制居民自由生育的制度。在新中国历史上，无论哪一种意义的计划生育，都是由党中央自上而下推动的一项政府工作，与民主人士马寅初并没有什么关系。

在党和政府积极干预下，尤其是在上述 1966 年[66]70 号文件中明确提出"在城市和人口稠密的农村，积极开展计划生育工作"以后，计划生育由原来主要在大城市开展很快普及推广到农村。需要指出的是，过去把"晚、稀、少"当作是周恩来总理提出来的生育政

10　梁中堂室藏人口与计划生育研究资料，1971070002，南柴大队《认真贯彻毛主席的指示努力作好计划生育工作》第 3-5 页。

11　拙著《马寅初考》，中国发展出版社，2015 年。

12　马寅初在最高国务会议上的发言的第一句话就说："我听了两次毛主席的谈话"。说明他的发言是回应马主席的讲话的。《马寅初全集》第 14 卷，浙江人民出版社，1999 年，第 501 页。

策，[13] 是没有依据的。周恩来总理有"要提倡晚婚和计划生育"的提法，[14] 但没有发现"晚、稀、少"的具体表述。按照计划生育部门的资料，晚稀少最早是 1973 年 12 月全国第一次计划生育工作汇报会上提出来的。[15] 但是，这一说法也未见到历史资料的支持。中央层面最早提出"晚、稀、少"，是 1974 年中央批转的《上海市革命委员会关于上海开展计划生育和提倡晚婚工作的情况报告》，其中提到上海的"许多地区和单位，按照'晚、稀、少'的要求，采取……"[16] 需要指出的是，这一时期主持中央日常工作的是从上海提拔起来的党中央副主席王洪文。也就是说，1974 年批转上海市计划生育经验的中央 34 号文件，是由王洪文签发的。把"晚、稀、少"的源自于上海市也是有点勉强的。

必须说明的是，1979 年以前的计划生育与后来管制国民生育行为的制度，还是明显不同的。1965 年 11 月 1 日，周恩来在一次讲话中说：

计划生育绝对不能强迫命令。现在发现了一个纺织厂，那个地方计划生育强迫命令可凶了，如果你不晚婚要早婚大家就斗你，怀了孕也斗你，那情绪怎么能好，下一代怎么会好？胡闹嘛！怀孕五、六个月要她做人工流产，不做就扣工资，模范的名字也去掉了，这是欺侮人。女同志怀孕也不是一个人的事情，斗争女同志，不怪她丈夫？就是这样不平等。还要把奖励金取消，弄得哭哭啼啼，这对妇女健康和胎儿都不好。计划生育绝对不能强迫命令，一定要自觉自愿。[17]

周总理的讲话一方面表明，中央是反对强迫命令的。即使是这样，因为国家是一种暴力，但凡由政府推动的工作，势必还是会发生

13　刘铮等《中国人口发展战略》，山西人民出版社，第 4 页。
14　《中国计划生育全书》，第 134 页。
15　《中国计划生育全书》，第 1410 页。
16　《中国计划生育全书》，第 11 页。
17　梁中堂室藏人口与计划生育研究资料，1965110100，《周总理接见中华医学会全国妇产科学术会议全体代表时的讲话》。

强迫命令的。有资料表明，这一时期的计划生育已经有了强制和强迫命令了。笔者手头有一份早期基层单位实行计划生育的原始资料，因为很宝贵，原文照录如下。

毛主席语录

党委要抓中心工作，又要围绕中心而同时开展其他方面的工作。

人类在生育上完全无政府主义是不行的，也要有计划生育。

济南制胶厂革命委员会：

遵照伟大领袖毛主席"人类要控制自己，做到有计划地增长"的伟大教导，我地区的计划生育工作在上级党委的领导下和有关部门的密切配合下，已深入地全面地控制起来了，并收到了显著效果。为进一步落实毛主席关于计划生育的指示，周总理关于生育子女两个为好的谈话。大力提倡晚、稀、少，以及市革委（72）37 号文件精神，特函联系。

张桂英同志住朝山街　号，系你单位已婚职工，现有子女 2 人，至今尚未采取避孕措施，希协助我们做好该同志的思想动员工作，落实可靠措施，请将落实情况函告或电话告诉我们。

此致

革命敬礼！

济南市红卫区红旗街道革委
一九七三年五月三十日
电话：20397[18]

这份原始资料至少给我们提供了两条特别宝贵的信息，一个是"晚、稀、少"的提法，早在《中国计划生育全书》的"大事记"所

18　梁中堂室藏人口与计划生育研究资料，1973053000，《济南市红卫区红旗街道革委给济南制胶厂革命委员会的函》。

论是在 1973 年 12 月份的全国计划生育工作汇报会上提出来的，还要早。第二，计划生育在 1979 年实行 "一胎化" 以前，就有强制了，——只是那时的强制形式和方式，甚至其性质，都与后来有所差别。

还是山东的故事。笔者的一位小同事，就讲过一件发生在她的婆婆身上的事。山东某地，婆婆已经生育了 3 个男孩，想要个女儿。1975 年，婆婆已经怀孕 8 个月，被动员流产了。显然，当地政府一是把 "晚、稀、少" 中的 "少"，按 3 个孩子解释和掌握了，二是把提倡 "晚、稀、少" 当作法律强制执行了。不过必须申明，在那个时代里，毛泽东和周恩来都是反对强迫命令的。

毛泽东和周恩来去世以前的生育制度，从华国锋的一次讲话也可以得到说明。1973 年 12 月 25 日，国务院业务组副组长兼国务院计划生育领导小组组长华国锋在全国防治慢性气管炎工作会议和计划生育工作汇报会议上，就生育政策做了较为系统的讲话。

下面讲一讲你们提的政策问题。同志们希望政策订的具体点。同志们有很多好经验，已经肯定了。我提些意见供参考研究，讲的不对的，请批评，因为没有和同志们一起开会、学习讨论。

第一是关于结婚年龄问题。（念文件）"许多地方提倡男二十五周岁，女二十三周岁以后结婚，城市略高。至于城市有的提男女双方要在二十五周岁以上结婚，有的提男三十、女二十五周岁以上结婚。各地提法很不一致，因此，规定高的地方，就跑到规定低的地方去结婚。我们认为，还是提城市略高为好。具体年龄，由省、市、自治区根据情况制订。" 晚婚年龄是否全国要有一个统一规定？结婚年龄《婚姻法》有规定，晚婚我们提倡思想教育，宣传晚婚对本人有很大好处。但具体提多少周岁结婚算是晚婚，不一定妥当。规定女二十五、男三十周岁结婚，那么女二十四、男二十八周岁结婚就算早婚，这样不好。还是靠发动群众，靠思想教育，他懂得晚婚的道理、好处，自觉来办。全国情况也很复杂，作为国家、计划生育领导小组办公室统一规定不适宜。

第二，生育间隔与胎数问题。（念文件）"许多地方提倡一对夫妇生两个孩子，生育间隔四年左右，有的提最多两个或不超过两个，我们倾向前一个提法。"办公室同志说倾向前一种提法，我们说还是靠宣传教育。间隔四年、五年、七年、八年都可以。硬性规定都不是办法。

第三，关于农村儿童口粮分配问题。这个问题很大。有的说"过去基本口粮不分大小口不分等，鼓励盲目生育，现在要规定基本口粮按大小口分等。"这个问题我在粮食会议上讲过，很值得研究。我们现在农村口粮分配有三种情况：一是，基本口粮按劳分配；二是，自报互评；三是，全部口粮依人分等定量。基本口粮加按劳分配，是全国多数地区的分配办法。自报互评这是粮食较多、觉悟较高的可以实行。全部口粮分等定量多数在城市郊区实行，大体分六等或七等，没有城市那样复杂。

基本口粮部分，统一规定或提倡分等定量可能在一些队出现严重问题，要慎重。基本口粮各地作法不同，按劳分配的比例有四六、三七、对半、二八、一九等，情况不同。按劳分配的粮食，是按劳动工分分配的，谁劳动力强出工多就多分；小孩多、劳动力少就分配的少。基本口粮定得低的地方，小孩多的户困难就大。如果基本口粮是占百分之六十再分等定量，小孩多的困难就很大。各地比例不一样，笼统提基本口粮分等定量，有的劳动力少小孩多的户就会受到严重打击，所以这件事情要非常慎重。

统购统销以后，有一段平均分配，人民公社化以后，是以人定量吃食堂，以后，就按六十条。要带着阶级斗争、两条路线斗争的观点去分析农村的反映，所以粮食会议上，我们说还是按六十条办事。

至于劳保条例的某些规定，可以在斗、批、改中逐步研究解决。有人提出，对因生育多，每月平均每人不到十二元的，不再给定期补助。这个要慎重一点，生三胎以上不给定额补助这也要慎重一些，我们要防止一种倾向掩盖另一种倾向。

关于避孕药物问题。避孕套目前采取摆在商店卖的收一分钱，送的不要钱。主席前不久又讲了一次，避孕药物不要錢。我们要照主席指示办，一律不要錢嘛。

在人口稀少的少数民族地区，还是提倡有利于人口增长的政策。对群众要进行妇幼卫生科学知识教育，多搞一些妇幼保健工作。在西藏和内蒙蒙族中，不要搞计划生育宣传。少数民族，人还是少的，应让他们的人口兴旺。

我就讲这些意见，供大家参考。[19]

国务院在文化革命中受到严重冲击，绝大多数副总理都被打倒，或者靠边站，不能正常工作。华国锋被毛泽东由湖南省提拔到中央担任的国务院业务组副组长，行使原来国务院副总理的职权。1973 年 7 月 16 日，国务院颁发 88 号文件，成立国务院计划生育领导小组并任命华国锋为组长。[20] 华国锋在这个讲话中说"你们"，是指国务院计划生育领导小组办公室，他所念的文稿，是国务院计划生育办公室所起草的要求中央同意的计划生育政策草案。读者已经看到，华国锋把计划生育部门提出的通过国家制度限制国民生育行为的政策方案，都一一驳回，否决了。第二年，1974 年 9 月 19 日，华国锋在接见全国计划生育工作汇报会代表及女用长效口服避孕药科研总结会部分代表时，再次强调了这一原则。[21]

华国锋的讲话表明，截至 70 年代中期，毛泽东和周恩来去世以前，政府推行的计划生育工作虽然已经普遍开展起来了，但是，由于中央层面是反对强迫命令的，所以，从总体上说却还未能形成强制性的计划生育制度。

19　梁中堂室藏人口与计划生育研究资料，1973122500，《华国锋同志在全国防治慢性气管炎工作会议和计划生育工作汇报会议上的讲话摘录》。

20　《中国计划生育纪事》，《中国计划生育全书》，第 1410 页。

21　梁中堂室藏人口与计划生育研究资料，1974091900，《华国锋同志接见全国计划生育工作汇报会代表及女用长效口服避孕药科研总结会部分代表时的讲话要点》。

陈慕华上任伊始就强调计划生育的计划性

并着手完善组织机构等问题

　　陈慕华是抗战时期奔赴延安的知识青年，又参加了东北地区的解放战争。新中国时期，从基层迅速成长为党和国家经济管理部门的领导干部，文化大革命中任国家对外经济联络部副部长、部长职务。华国锋解决"四人帮"问题以后，1977 年 8 月，中国共产党第十一届中央委员会第一次会议上，陈慕华当选为政治局候补委员，1978 年五届全国人大一次会议上又被任命为国务院副总理。五届人大一次会议是在 1978 年 2 月底至 3 月上旬召开的，按照中国共产党的工作规则，陈慕华应该是会议结束后的国务院分工时就被决定分管计划生育工作了。1978 年 6 月 21 日，国务院以 117 号文件正式行文调整国务院计划生育领导小组成员，任命陈慕华为国务院计划生育领导小组组长。6 月 26 日，陈慕华主持召开新一届的国务院计划生育领导小组成员的第一次会议。

　　读者有所不知，国务院计划生育领导小组是国务院的一个临时办事机构，领导小组的成员概由有关的政府机构和相关的部门组成，譬如有国家计委、化工部、商业部、外贸部、全国供销合作社、教育部、民政部、农业部、公安部，以及中央宣传部，工、青、妇等等，都是作计划生育工作需要帮助的政府相关部门，都属于兼职。陈慕华主持召开的这次会议在新中国计划生育历史上是一次具有重要意义的会议。会议解决了四个具体问题，一是陈慕华在讲话中十分明晰地指出了新中国实行计划生育的理论与现实依据，二是要求把计划生育工作正式纳入到各级党和政府的议事日程，三是提出了具体生育政策，四是解决了各级计划生育部门的编制问题。

中国共产党是一个依靠马克思列宁主义思想意识形态构建起来的政党，尤其是思想意识形态正确，是新中国党和政府各项工作的基本前提条件和存在基础。陈慕华生逢其时。在此之前，已经出现了一个以刘铮为代表的原中国人民大学统计系教员组成的人口学研究团体。1971 年，联合国大会通过表决驱逐蜗居台湾的中华民国，恢复中华人民共和国在联合国的合法席位。1974 年，中国政府为参加联合国布加勒斯特世界人口大会，组织包括原中国人民大学统计系讲师刘铮在内的写作小组，为会议准备大会发言。会议结束以后，刘铮等在北京经济学院成立了一个人口理论研究室，继续研究人口理论问题，同时给计划生育部门宣讲人口理论课，宣传计划生育。[22] 在此基础上，刘铮的人口理论研究室于 1977 年公开出版了《人口理论》。该书的主要内容，包括对马尔萨斯主义的批判，马克思主义人口理论，资本主义人口问题，以及社会主义人口规律和计划生育，等等。[23] 刘铮的《人口理论》为陈慕华大刀阔斧地在计划生育领域进行革命和改革，提供了理论武器。

当然，陈慕华有着极强的综合能力，她不只是按照刘铮团队的人口理论照本宣科地讲下去，重复批判马尔萨斯主义，强调恩格斯关于共产主义实行有计划调节人口增长的观点，以及罗列毛泽东、周恩来和华国锋对计划生育工作的一贯重视，更为重要的是从毛泽东的计划生育的核心概念出发，把人口问题提到事关国家发展的高度，从而把计划生育论述成为中国社会主义制度的现实要求。陈慕华在讲话中说：

我们发展国民经济是有计划按比例进行的，我国人口的增长也

---

22 《刘铮人口论文选》，中国人口出版社，1994 年，第 414 页。
23 北京经济学院人口理论研究室《人口理论》，商务印书馆，1977 年。

应纳入国家计划，有计划地增长。[24]

　　因为计划经济是新中国的基本制度，从基本制度出发引出对计划生育的规定性，也就从理论与现实的结合上解决了计划生育的合理与合法性。这才是要害，陈慕华的深刻、独到和厉害之处。陈慕华这次会议的讲话内容有不少成为自后党和政府宣传计划生育的经典话语，这段话是其中之一。除此以外，1978年7月9日的人民日报社论《书记挂帅，全党动手，进一步搞好计划生育》，1979年1月27日社论《必须高度重视计划生育工作》，1980年2月11日社论《一定要有计划地控制人口增长》，3个社论的题目都是一字未改地复述陈慕华这次讲话中的话。

　　把计划生育工作列入到党的议事规则，成为党和政府的一项常年性的中心工作，也是在陈慕华主持的国务院计划生育领导小组第一次会议上提出来的。笔者曾经多次叙述过，1976年年末至1978年上半年，笔者在山西省南部的一个县担任公社主任，相当于现在的乡镇长。但是，笔者只听取过设立在镇上的县第二人民医院的支部书记汇报过他们开展计划生育的情况，却从未在公社的党政会议上研究过计划生育，也未曾在全公社的大会上布置和安排过计划生育工作。之所以是这样，还是因为县委和县革委会从未向我们安排过这方面的工作。陈慕华在这次会议上提出"我们的方针是书记挂帅，全党动手……"，也是自后党和政府经常复述的经典语言。中央批转的这次会议的1978年69号文件，则具体要求"各级党委第一书记要亲自抓，要有一名书记分管。县以上党委每年要认真讨论四次，县和县以下党委更要常议常抓"。[25] 从此以后，不登大雅之堂的计划生育工作

---

24 《中国计划生育全书》，第153页。

25 《中国计划生育全书》，第13-14页。具有讽刺意味的是，"党委第一书记要亲自抓""要有一名书记分管"、最早是由王洪文提出来的。1975年1月22日，主持中共中央日常工作事务的党中央副主席王洪文参加计划工作座谈会时插话说："各省同志要抓一下，人口再增加不得了。第一把手要亲自抓。有一位常委要经常抓。……回去要认真抓一下，经常有一位常委分工抓，

开始堂而皇之地列入到各级党和政府的议事日程。

关于生育政策，陈慕华在 6 月 26 日国务院计划生育领导小组第一次会议的讲话中只是原则性地提出，但在 9 月 19 日提交给中央的报告里，就具体明确为"晚婚年龄，农村提倡女二十三周岁，男二十五周岁结婚，城市略高于农村。提倡一对夫妇生育子女数最好一个最多两个。生育间隔三年以上"了。[26] 这是党中央的文件里第一次具体而明确地规范国民婚姻年龄和生育的数量。有关政策问题，我们后面还要详细讨论。

陈慕华主持召开的国务院计划生育领导小组第一次会议的巨大贡献，还体现在为计划生育部门解决了组织机构的政府编制和人员配置问题。这一工作也是通过会议以后给中央的报告里解决的。经中央批准的 1978 年 69 号文件里说：

县以上革命委员会要建立和健全计划生育办公室，配备精干得力的工作班子，人员列入行政编制。在党委、革委会的直接领导下开展工作。农村公社、城市街道和大的厂矿企、事业单位，要设一名计划生育专职人员。县以上机关、城市街道和大的厂矿企业、事业单位的计划生育专职人员，从现有编制内的人员中调剂解决；公社所设的计划生育专职人员，相应增加编制，除已配备的以外，由省、市、自治区选配，并将增加的人数，报国务院计划生育办公室和国家劳动总局备案。城市街道和农村公社的计划生育人员的工资由计划生育事业费开支。农村公社的计划生育人员缺额主要在城镇待业知识青年和上山下乡知识青年中选招。军队也要设相应的计划生育工作办事机构。[27]

或一位书记也可以。"《中央负责同志在七五年计划工作座谈会上关于计划生育的插话》（根据记录整理），梁中堂室藏人口与计划生育研究资料，1975012200。

26 《中国计划生育全书》，第 14 页。

27 《中国计划生育全书》，第 14 页。

党和政府历来对国家编制控制得很严，那个时代因财政困难，尤为严格。在陈慕华以前，计划生育领导小组及其办事机构属于临时性机构，其领导组成员都效仿国务院计划生育领导小组属于兼职，由政府分管领导和相关的卫生部、计委、商业部、化工部、工、青、妇等等党和政府的有关部门领导组成，领导小组的办事机构国务院计划生育办公室附设在卫生部妇幼保健司，省、地、县的计划生育办公室也都如此形成。那时还是计划经济时代，陈慕华所争取到的中央1978年69号文件明确而又具体地交代了从中央到地方的各级政府，以及基层单位的计划生育机构和人员的编制，相当于从中央到地方都下达了国家计划，计划生育部门也就得以自上而下地建立健全起来了。

这是一个历史性的转变。1973年设立的国务院计划生育领导小组及其办公室本属于政府临时办事机构，中央颁布1978年69号文件以后，它实质上已经成为一个有合法编制的政府机构，距离党和政府常设的权力机关只有一步之遥了。

第三节

陈慕华提出"一胎化"以前对生育政策的推进

陈慕华具有极强的管理能力。虽然我们在前面把陈慕华重点抓的工作划分为 4 个方面，但她在主管计划生育工作的早期还是把重心放在两个问题上，一个是计划生育部门的组织建设，包括要求把计划生育工作列入到党委的议事日程，计划生育工作成为各级党政部门一把手的一项日常事务，解决了从国务院计划生育领导小组办公室至国家基层的乡镇和街道的计划生育管理机构和人员的国家编制问题。二是在生育政策方面的推进，这是计划生育的核心问题。没有具体和明确的生育政策，就没有由政府管制的计划生育工作。事实上，陈慕华具体解决计划生育部门的组织编制的目的，也是要组织一个执行计划生育具体政策的组织和队伍。所以，生育政策还是陈慕华的中心工作。

论及政策，可区分为广义和狭义。广义的国家政策，是指具有政府情感和立场性质的一些做法，虽然在国家事务运作的过程里已经发生，却并不明确，不具体，尤其还未有国家暴力的保障和维护。而狭义的政策则是明确而具体的，是通过政府的具体运作实施的，甚至是要通过国家暴力保障必须实现的。按照这样的原则区分，可以把陈慕华主管计划生育当作一个分界线，在此以前，计划生育政策即使按照 1974 年中央批转上海市革命委员会关于计划生育工作报告的 34 号文件已经有了"晚、稀、少"的提法，但就其性质来说仍属于提倡和鼓励。譬如按照 1978 年 6 月 26 日，陈慕华在国务院计划生育领导小组第一次会议上讲话所说：

要有正确的政策。一个是晚、稀、少的问题。晚婚的年龄，希望大家议一议。目前农村提倡的一般是男二十五、女二十三周岁结婚，经过几年来的宣传发动，大部分群众逐步接受。城市提倡的晚婚年龄不太统一，最晚的男二十八、女二十五周岁，执行得较死，群众反映较多。我们提倡适当晚婚，究竟什么年龄比较合适，大家可以根据各方面的因素，例如人的生理卫生和社会问题情况等，充分交换意见。再是，一对夫妇有几个孩子为好？过去提过"一个不少，两个正好，三个多了"，大家看法怎样？生育间隔要稀一点，一般应该在几年较好？在"晚、稀、少"问题上，我看关键是少，特别要在"少"字上做好工作。[28]

从陈慕华口语"提倡""一般"，以及"我看关键是……"，说明这些政策还都是非强制性的。但是，在经过将近 3 个月的打磨以后，1978 年 9 月 19 日，陈慕华在以国务院计划生育领导小组名义给中央的报告中就转变为狭义的、具体的生育政策了。在这里，笔者要插进一段题外话。

如果读者仔细阅读承载这一政策的中央 1978 年 69 号文件，不难发现国务院计划生育领导小组给中央报告的签署日期是 1978 年 9 月 19 日，而中央批转通知签发的日期是 1978 年 10 月 26 日，这意味着陈慕华的报告在中央扣压了一个多月以后才被批准同意的。那是十一届三中全会之前，华国锋主持中央工作，而华国锋不仅有曾经担任过国务院计划生育领导小组第一届组长的经历，对这项工作比较熟悉，而且还发生过华国锋在大会上直接否定计划生育部门制订具体的政策管制国民生育行为的大事件。所以，我们有理由认为，陈慕华的报告在中央被扣压了一个多月才终于被批准的事实，反映了华国锋在这一问题上的犹豫。

华国锋最终还是批准了陈慕华的报告。因为中央批准了这个报告，而其中有了政府对国民婚育行为的具体规范，这就把传统的自主

---

28 《中国计划生育全书》，第 154 页。

生育改造为另外一种由政府管制的制度。1978 年中央 69 号文件对生育政策是这样表述的：

> 晚婚年龄，农村提倡女二十三周岁，男二十五周岁结婚，城市略高于农村。提倡一对夫妇生育子女数最好一个最多两个。生育间隔三年以上。[29]

读者莫要小看这段话。对于中国计划生育的历史来说，它是一个转折。一是由中央文件具体规定国民的婚姻年龄、生育数量及其间隔年限，这是第一次。按照中央 1978 年 69 号文件，比原来《中华人民共和国婚姻法》确定的男 20 岁、女 18 岁的初婚年龄，农村分别提高到 25 岁和 23 岁，城市青年还要高一些。每个人一生生育孩子的数量限制到最多可以生 2 个。二是中国共产党是执政党，那个年代的中央红头文件即是法律，尤其是经过文化大革命，中央文件可以改变国家已经制订的法律。

即使这样，陈慕华还未满足。因为她的计划生育的指导思想是"关键是少，特别要在'少'字上做好工作"，所以，按照中国共产党的工作程序所召开的全国计划生育办公室主任会议，本该是贯彻中央刚刚批转的 1978 年 69 号文件的，尤其是要原原本本贯彻执行文件中所明确规定的"最好一个最多两个"的生育政策的。但是，陈慕华却把中央批准的新政策扔到一边，——确切些说，是在新政策还未贯彻实行的情况下，要再往前走一步。1979 年 1 月 17 日，陈慕华在召开具体贯彻中央 69 号文件的全国计划生育办公室主任会议上根本不提"最好一个最多两个"，而是在讲话里强调"要把多胎控制住，鼓励生一胎"，"对只生一胎的要给予奖励，对生三胎的要加以限制"。[30]

---

29 《中国计划生育全书》，第 14 页。
30 《国务院副总理、国务院计划生育领导小组组长陈慕华在全国计划生育办公室主任会议上的讲话（节录）》，《中国计划生育全书》，第 302 页。

1979 年 1 月 27 日，新华社报道这次会议的专栏文章《进一步控制人口增长速度》，把陈慕华进一步推进的思想观点表述得更为清晰了。文章说：

这次会议强调，今后要提倡每对夫妇生育子女数最好一个，最多两个，间隔三年以上。对于只生一胎，不再生第二胎的育龄夫妇，要给予表扬；对于生第三胎和三胎以上的应从经济上加以必要的限制。[31]

陈慕华的这段讲话表明，她主管计划生育，不是把中央已经批准她所提出的"最好一个，最多两个"原原本本交给人民，由每个人、每个家庭自己选择"最好一个"或者"最多两个"，而是在这一政策刚刚出台 2 个多月，还未必与大多数人见面的情况下，又朝着"只生一胎，不再生第二胎"的方向推进了。

31　人民日报的社论和新华社的通稿均见 1979 年 1 月 27 日的人民日报，第一版。

<h1 style="text-align:center">第四节</h1>

<h2 style="text-align:center">陈慕华提出"一胎化"</h2>

陈慕华把计划生育工作的重点转到鼓励只生一个的方向上以后，就开始注重培养典型了。1979 年 5 月 21 日，人民日报刊登新华社发自上海的报道，上海县虹桥公社大闸大队"已有十七对夫妇表示自愿只生一个孩子"，上海焦化厂 182 名育龄职工"联名向全市尚未生育和只有一个孩子的育龄夫妇发出倡议，自愿只生一个孩子"。[32] 同一天的人民日报刊登新华社发自四川成都的报道："四川省大邑县龙凤公社最近开展只生一个孩子的计划生育宣传活动"，这个公社已经有 190 对育龄夫妇自愿采取措施只生一个孩子。[33]

陈慕华就是在"提倡"和"鼓励"一对夫妇只生一个孩子的基础上，提出"一胎化"生育政策的。1979 年 6 月 27 日，陈慕华应邀在中央党校做作了搞好计划生育工作，控制人口增长问题的报告。"一胎化"的生育政策，就是在这次报告中提出来的。笔者之所以说"应邀"，是因为前些年整理萧振禹同志送给我的资料时，意外发现了一封 1979 年 6 月 22 日胡耀邦写给陈慕华的信。萧振禹是笔者的朋友，早年在商业部负责计划生育药具的生产和分配计划，1973 年国务院计划生育领导小组及其办公室设置以后，老萧就从商业部调到国务院计划生育办公室负责药具器材的计划分配和统计工作。但是我评价老萧的历史贡献，是他主持实施了 1982 年全国千分之一生育率调

32　奚郁芬《上海市计划生育工作取得显著成效 人口自然增长率降低到千分之五点零七》，人民日报，1979 年 5 月 21 日，第 4 版。
33　曹光晖《提高群众计划生育的自觉性 大邑县龙凤公社积极宣传只生一个孩子的好处》，人民日报，1979 年 5 月 21 日，第 4 版。

查。这是中国历史上有关中国妇女婚育历史资料最为丰富而又权威的一次调查。笔者在前些年整理自己手上保存的人口与计划生育资料时，也多次建议和督促萧振禹同志整理他手头的资料。萧振禹做了一些整理工作，后来因身体健康的原因，索性把所有资料，包括图书和几十本工作笔记，都打包送给我了。

1976年解决了"四人帮"问题以后，华国锋亲自兼任中央党校校长，调胡耀邦担任副校长，主持中央党校的日常工作。胡耀邦后来又任中央组织部部长，力推平反历史上的冤假错案，声名鹊起。1978年12月召开的党的十一届三中全会上，胡耀邦被增选为政治局委员，后又兼任中央宣传部部长。三中全会后的政治局会议上，中央决定胡耀邦担任中央秘书长，负责中央日常工作。根据胡耀邦1979年6月22日写给陈慕华的信判断，陈慕华6月27日在中央党校的报告，是应中央秘书长、中央党校副校长胡耀邦的邀请，为党校所作。陈慕华写好报告的讲话稿以后，送胡耀邦审查，引发了后者写给前者的信。

萧振禹所保留的胡耀邦信不是原件，也不是原信的复印件，而是萧振禹同志自己的手抄件。手抄件并未注明是胡耀邦所书写，不过由我推断这封信来自于胡耀邦。老萧的手抄件也不是对信件原文的抄录，是大意。即使如此，这也是一份很宝贵的文献，原文抄录如下。

慕华同志：

你的人口问题的讲话稿，我粗略地翻了一遍。总的说来，我认为非常好。有以下几点小意见，请你再考虑一下。

（以下是基本大意）1."马克思列宁主义人口理论"的提法，还是不提为好。

2.只讲"按照任何社会的国民经济都必然按照一定的比例向前发展的客观规律"，似乎没把问题讲清楚。

3.邵力子和马寅初先生在解放初期谈过节制生育问题，实践（证明）他们当时看法是对的，而那时批判了，这是很不妥的，要多说几句。毛主席第一次提出，要把"第一次"删去。

4. 出生率高是经济落后和文化落后的反映，而高生育又是影响我们整个民族健康的一个重大因素。

5. 我赞成"国家积累能力提高的程度，人民生活水平提高的快慢，国家实力壮大的速度，在很大程度上取决于经济与人口在发展建设上的对比关系"这样一个论点，但说"都决定于"，似乎说得绝对了一点，请考虑。

6. 解放以后，国家、集体和家庭分担的抚养费高达一万多亿元，占国民收入的百分之三十多。像这样的数字如要公开发表，我主张略微说活一些。[34]

因为胡耀邦是主持中央日常工作的秘书长，所以，经胡耀邦同意的讲话稿可以看作是经中央审批过的，文稿的基本思想和观点，可以被看作是代表中央的。陈慕华是在 1979 年 6 月 27 日给中央党校作"搞好计划生育工作，控制人口增长"为题的报告的，——刊登在中央党校理论研究室的内部刊物《理论动态》上的记录稿的题目是《必须有计划地控制我国人口的增长》。[35] 7 月 6 日，人民日报报道这次活动的题目是《陈慕华同志在中央党校讲计划生育课 把工作重点放在"最好生一个"上来》。[36]

由于"一胎化"生育政策在国内外所受到的广泛批评，新世纪前后，一些计划生育干部和个别人口学家说，我们从未有过"一胎化"的政策，党和国家领导人也从未说过"一胎化"，都是说"提倡和鼓励一对夫妇只生一个孩子"。这不是事实。陈慕华在给中央党校的这个报告里，至少连续讲了两个"一胎化"。她说：

为了进一步争取使人口自然增长率的下降幅度更快，并尽可能

34　《胡耀邦致陈慕华的信》，萧振禹人口与计划生育资料，19790622。

35　陈慕华《必须有计划地控制我国人口的增长》，中共中央党校理论研究室《理论动态》148，1979 年 7 月 30 日。梁中堂室藏人口与计划生育研究资料，1979062701。

36　人民日报，1979 年 7 月 6 日，第 4 版。

在短时期内使人口自然增长率降低到零，做到人口不增长，必须坚决杜绝三胎，提倡和推广一对夫妇终生一个孩子。……只要我们下大力气，花大功夫，做好工作，**一胎化**的比例是可以越来越提高的。为了大力推广和普及**一胎化**……[37]

不只是中央政治局的候补委员、国务院副总理、国务院计划生育领导小组组长陈慕华讲过"一胎化"，中央总书记胡耀邦和国务院总理赵紫阳也讲过。根据 1981 年 9 月 10 日中央书记处 122 次会议的记录，赵紫阳在会议上说"我在四川从来没有提农村实行一胎化。城市里面肯定可以做到。肯定不要开一胎化这个闸，农村里面要有一个合理的要求……"。胡耀邦接着赵紫阳的发言说："关键是这么个问题。一胎化，开始就有争论，……我赞成城市里面不要松动，就是一胎化，重点就是农村"。[38] 所以，中央层面也是有"一胎化"的提法的。因为这是 1981 年 9 月的中央书记处的会议，陈慕华的"一胎化"政策已经在全国不分城乡、不分民族地推行了 2 年的时间了，中央会议上讨论其是否该继续推行下去。

我们再回到陈慕华。至少就目前所得到的资料看，陈慕华 1979 年 6 月 27 日在中央党校的报告，是"一胎化"这一词汇在历史上出现的最早出处。1979 年 8 月 11 日，人民日报刊登陈慕华的这个报告稿的时候，将题目改为《实现现代化，必须有计划地控制我国人口的增长》，公开发表的文章里还保留了前一处"一胎化"的提法。[39] 所以，作为中共中央机关报的人民日报，也是公开宣传过"一胎化"的。

因为至今没有发现别的什么人比陈慕华更早地使用这一词汇，所以，笔者不仅把陈慕华当作"一胎化"政策的提出者，而且"一胎

37　中共中央党校理论研究室《理论动态》148，第 11-12、13、14 页。引文中的着重号是由笔者加的。

38　梁中堂室藏人口与计划生育研究资料，1081091000，《赵紫阳、胡耀邦等同志在中央书记处第 122 次会议上关于计划生育问题的发言》。

39　陈慕华《实现现代化，必须有计划地控制我国人口的增长》，人民日报，1979 年 8 月 11 日，第 2 版。

化"这一词语的发明权也归属陈慕华。

陈慕华提出"一胎化"，其"化"是一个有关物质运动状态的词语。化者，变化，是表现和表达逐步接近某个目标的运动状态。"一胎化"就是要求全体，或者接近全体的绝大多数国民终生只生一个孩子。陈慕华对此还真有明确的表达。1980 年 1 月 9 日，陈慕华在军事学院作报告时说：

> 我们在现在的要求就是"最好一个"，这个口号是经过调查提出来的。如果我们不能做到这一点，那么，华总理提出的八五年降到千分之五的目标就实现不了，二〇〇〇年人口增长持平衡的目标就达不到。我们应该从现在开始刹车，这个刹车"距离"就是二亿人口。即从现在做起，按农村百分之八十，城市百分之九十的夫妇生一个孩子计算，到二〇〇〇年，还要增加两亿人。如果做不到这一点，两亿还打不住，只有这样做，才能把人口控制住。[40]

要求农村 80% 只生一个，城市 90% 只生一个，这是她对"一胎化"的一个解释。20 多天以后，1980 年 2 月 2 日，国务院计划生育领导小组等单位联合在北京召开婚姻家庭计划生育新风尚座谈会，国务院隆重派出余秋里、王震、谷牧、陈慕华、薄一波等 5 位副总理出席。会议指出，把计划生育工作重点放到抓一对夫妇最好生一个孩子上，是解决我国人口问题的一项战略任务。陈慕华主管计划生育，所以她是会议的主角。陈慕华讲话说：

> 提倡一对夫妇最好生一个孩子的目的，就是为了使人口增长与物质资料的增长相适应。只有逐步做到城市百分之九十五、农村百分之九十的育龄夫妇只生一个孩子，到本世纪末，我国总人口才能够控

40　梁中堂室藏人口与计划生育研究资料，1980010900，《谈谈人口问题——陈慕华同志一月九日在军事学院的报告》（根据记录整理，未经本人审阅），中共甘肃省委党校教务处选编《教学参考》第 68 期，1980 年 2 月 1 日，第18 页。

制在十二亿左右。[41]

　　农村 90% 的家庭只生一个，城市人口 95% 只生一个，这就是"一胎化"。需要指出的是，与一个月前在军事学院所做的报告不同，那是一次在内部所做的讲话，而这个座谈会是面向全国的，第二天的人民日报就作了报道，国务院派出 5 位副总理的强大阵势出席会议，所以，陈慕华的"一胎化"目标就是农村 90%、城市 95% 只生一个。

　　陈慕华抓"一胎化"政策的心情迫切，1979 年 6 月 27 日讲课的时候，她就建议在党校学习的各地领导同志，"立即行动起来，最好先写个信回去，把工作抓上去"。[42] 有不少情况表明，大约是她在中央党校的报告以后，计划生育部门就把"一胎化"当作具体生育政策，在全国的计划生育系统作了传达和贯彻。笔者是在 1979 年的 7月上旬接到山西省计划生育办公室转达 12 月份将召开全国第二次人口理论讨论会通知的，也就是在同一个场合，省计划生育办公室的刘玉莲对我说，计划生育政策已经定下来了，就"一胎化"。这是笔者第一次听到"一胎化"这个词。大约 7 月中、下旬至 8 月上旬，笔者在省计划生育办公室张小来、刘玉莲两位同志的陪同下，在山西省晋中地区和运城地区做了 10 多天的调查，最终写出了提交 1979 年12 月份召开的全国第二次人口理论讨论会的论文《对我国今后几十年人口发展的几点意见》，其中心思想就是反对"一胎化"政策的。[43] 如果当时的计划生育部门不是已经推行了"一胎化"生育政策，那岂不是笔者成了"一胎化"的最早提出者了？会议的主办者同意我在大会上发言公然反对和质疑"一胎化"，岂不是对空放炮？还要说明的是，为这次会议提交有关"一胎化"政策论文的，还

<hr>

41　人民日报，1980 年 2 月 3 日，第 1 版。

42　人民日报，1979 年 7 月 6 日，第 4 版。

43　该文原题《对我国今后几十年人口发展的几点意见》，1985 年收入作者的论文集《论我国人口发展战略》一书公开出版的时候，改为《对我国今后几十年人口发展战略的几点意见》。拙著《论我国人口发展战略》，山西人民出版社，1985 年。

有湖南省委党校周光复《"一胎化"是削平生育高峰的有效途径》，湖南省计划生育办公室《推行一胎化是进一步控制人口增长的必由之路》，在《第二次全国人口理论科学讨论会论文目录》上的编号分别为第 71、140。[44] 也都说明，"一胎化"作为一项重大政策已经在 1979 年普遍推行了。

我们再看 1979 年的一些实际工作。陈慕华在 1979 年 6 月 27 日提出"一胎化"不久，1979 年 8 月 17 日，人民日报就刊登了新华社的报道，天津市 28000 多户人家领到了《独生子女证》。天津市还规定，城镇职工领到独生子女证的家庭，每个月发给 5 元钱的保健费，一直发到孩子 14 岁。农村每个月则多记相当于 5 元的工分，直到 14 岁为止。江苏省如东县岔南公社已有 365 对夫妇领到了《独生子女光荣证》，占全公社一个孩子夫妇的 55%。[45]

1979 年 7 月 31 日，江苏省革命委员会颁布《江苏省关于计划生育若干问题的暂行规定》，明确提出"把计划生育工作的重点放到'最好生一个'的目标上来"。[46]

9 月上旬，山西省革委会在太原市召开全省计划生育先进集体、先进个人代表会议，省委书记贾俊在大会上讲话强调："要把计划生育工作重点放在一对夫妇最好只生一个孩子上来。"会议上，245 名只生一个孩子做了绝育手术的代表向全省育龄夫妇发出倡议，"争做只生一个孩子的带头人"。[47] 省委第一书记、省长王谦也在该年召开

44　梁中堂室藏人口与计划生育研究资料，1979120718，《第二次全国人口理论科学讨论会论文目录》。

45　人民日报，1979 年 8 月 17 日，第 4 版。因为那时的工资水平普遍都很低，文革前毕业的大学生至 70 年代末每个月继续拿着 54 元的工资，一般的青年职工每月也就 3、40 元的工资，未满 3 年的徒工只有 19 元的津贴，所以，天津市每个月 5 元的补助是一个不少的收入。后来，每个月 5 元独生子女补助推及到全国。

46　江苏省革命委员会：《关于计划生育若干问题的暂行规定》，中国人口情报资料中心《中国人口资料手册》（1983），第 75 页。

47　梁中堂室藏人口与计划生育研究资料，1979 091300，山西省计划生育领导组办公室《把我省计划生育工作提高到一个新的水平——省革委会召开全省计划生育先进集体先进个人代表会议》，山西省革命委员会计划生育领导

的省五届人大二次会议报告中强调，"必须把计划生育工作的重点放到'最好生一个孩子'上来"。全省计划生育先代会之后，许多地区都组织了只生育一个孩子做了绝育手术的先进分子报告团，到各地宣讲先进事迹。晋中地区组织只生一个孩子育龄夫妇报告团，半个月内就在榆次、太谷、介休等 7 个县做了 13 场报告会。据 9 月 8 日至 10 月 14 日期间 26 天的统计，晋中地区有 280 对有生育能力的夫妇，生了一个孩子后做了绝育手术。其中榆次市 20 多天里有 165 对，介休县有 81 对有生育能力的夫妇生了一孩后做了绝育手术。[48] 1979 年 10 月 17 日，太原市革命委员会召开大会，为全市 2590 对决心只生一个孩子的育龄夫妇颁发了《独生子女证》。[49] 10 月 23 日，太原钢铁公司召开计划生育工作大会，为公司 49 名决心只生一个孩子的育龄夫妇颁发《独生子女证》。[50] 截至 1979 年年底，山西省全省已经有 1 万多育龄夫妇只生育一个孩子。晋东南地区的阳城县、屯留县、高平县，一些公社只生育一个孩子的比例已经达到 90% 以上。[51] 在 1980 年元月召开的山西省计划会议上，有关部门已经按照"把计划生育工作的重点放在'最好只生一个'上来"的要求对全省的人口计划进行了调整。[52] 1980 年 2 月 29 日，省人民政府计划生育领导小组办公室在发布的《关于大力提倡一对夫妇只生一个孩子的几点意见》中说："大力提倡一对夫妇只生一个孩子，这是当前实行计划生育，控制人

组办公室《简报》1979 年 9 月 13 日，第 5 期，第 5 页。请读者注意，陈慕华 1979 年 6 月 27 日在中央党校提出"一胎化"，山西省在 9 月上旬的会议上就有了 245 名已生了一个孩子而做了绝育手术的典型，充分这说明"一胎化"政策已经在计划生育部门实际推行了。

48　梁中堂室藏人口与计划生育研究资料，1979101200，山西省计划生育领导小组办公室《简报》第六期，1979 年 10 月 12 日。

49　梁中堂室藏人口与计划生育研究资料，1979102000，山西省计划生育领导小组办公室《简报》第七期，1979 年 10 月 2 日。

50　梁中堂室藏人口与计划生育研究资料，1979110600，太原市革命委员会计划生育领导小组办公室《简报》第十一期，1979 年 11 月 6 日。

51　山西省计划生育领导组《全省各地、市计划生育领导组组长会议纪要》，1980 年元月 14 日。

52　1980 年山西省计划会议文件之五，1980-1981 年人口计划》（草案），第 3 页。

口增长的重点"，要把"成效落实到'一胎化'上"，"认真做好一胎化的巩固和发展工作"。[53]

1979 年 9 月 20 日，吉林省委书记于林在全省计划生育工作会议上讲话说："……把计划生育工作的重点放到做好一对夫妇只生一个孩子的工作上来"。[54]

1979 年年底，中共辽宁省委宣传部等 5 个部门联合发文，要求"以发展和巩固一对夫妇只生育一个孩为中心"，做好 1980 年元旦、春节期间的计划生育宣传活动。由于年初生育计划是按照"最好一个、最多两个"的政策口径下达的，这次宣传活动还要求做好 1980 年生育指标的调整和 1981 年计划的摸底工作，"一九八一年生育指标安排，应本着一对夫妇一个孩子的精神进行落实"。[55]

1979 年，重庆市还隶属于四川省。所以，四川省是全国人口最多的一个省份。那时全国 9 亿多，仅四川就有一亿人口。据省委书记杜心源介绍，1979 年，四川省已经在全省开展"一对夫妇只生一个孩子"的活动，各地以公社、集镇为单位，对带头响应号召的夫妇戴红花，上红榜，发奖状，发奖金，造成了一种为革命只生一个孩子光荣的社会新风尚。同年 6 月和 11 月，四川省委省革委会两次召开各市、地、州计划生育办公室主任会议，总结各地经验，推动一对夫妇自愿只生育一个孩子的工作。[56]

随着具体生育政策的改变，1979 年的国务院计划生育领导小组办公室已经改革和修正了工作统计报表，第一次设计出"现有一个子女的夫妇数""已领取独生子女证夫妇数"和"领证率（%）"等

53　山西省人民政府计划生育领导组办公室：《关于大力提倡一对夫妇只生一个孩子的几点意见》「80」晋政计育办字第 5 号，第 4 页。

54　《全党动手，努力做好人口工作，为实现社会主义现代化贡献力量——中共吉林省委书记于林同志在吉林省计划生育工作会议生的讲话》(摘要)，中共吉林省委党校图书资料室《教学》第 23 期，第 26 页。

55　梁中堂室藏人口与计划生育研究资料，1979122900，国务院计划生育办公室《计划生育工作简报》第 6 期，1979 年 12 月 29 日，第 2、3 页。

56　梁中堂室藏人口与计划生育研究资料，1979121000，《杜心源同志在第二次全国人口理论科学讨论会上的发言》，第 2 页。

3 个统计指标。1979 年，现有一个孩子的夫妇数 1535.4 万，已领取独生子女证的夫妇 610.1 万，领证率 39.7%。分城乡统计，城市领证率为 64.0%，农村为 34.6%。1980 年，"一胎化"比率迅速提高，其中一孩夫妇数 2003.8 万，一孩领证的夫妇 1143.3 万，领证率 57.1%。按城乡统计，城市的领证率达到 82.9%，农村为 57.0%。因为 1981 年又改变了计划生育统计体系，没有以上的统计指标，无法对比了。但是，1981 年有一个领取独生子女证的人数，达到 14481166 人，比 1980 年多了 3000 多万。[57] 因为那时每年新结婚的夫妇大约只有 1000 万对左右，新增加 2000 万的领取独生子女证的家庭数，该是领证率大幅度提高的表现。

1979 年 12 月 18 日，陈慕华在全国各省、市、自治区和全军计划生育办公室主任会议上总结讲话说：

提倡一对夫妇最好生一个孩子，是我们计划生育工作的着重点转移。过去我们说，"最好一个，最多两个"，现在提出来"最好一个"，后面那个"最多两个"没有了。这是我国目前人口发展中的一个战略性要求，我们要不断提高对这个问题的认识，并积极宣传，把情况如实地向人民讲清楚。不少地方的经验证明，只要我们把为什么"最好生一个"的道理讲清楚了，群众是会接受的。[58]

1979 年 12 月 23 日，人民日报发表新华社的专栏文章《提倡一对夫妇最好生一个孩子》，文章引述陈慕华 18 日在全国计划生育办公室主任会议上的讲话说："一对夫妇最好生一个孩子，这是从今年以来开展计划生育工作的实践中，总结出来的控制人口增长的好经验。"[59]

所以，"一胎化"作为一项具体生育政策，不仅由主管计划生育工作的陈慕华副总理在 1979 年提出了，而且已经在全国贯彻执行了。

---

57 《中国计划生育年鉴》1986，人民卫生出版社，1986 年，第 375-381 页
58 《中国计划生育全书》，第 160 页。
59　人民日报，1979 年 12 月 23 日，第 1 版。

在"一胎化"的来源问题上，有必要澄清几种不同说法。

一个是源于陈云说。之所以有陈云说，首先是陈云把中国人口当作负担，最先在 1979 年 3 月 21 日政治局会议上有了"九亿多人口的大国，百分之八十的人口是农民"的讲话[60]，然后才有了邓小平 3 月 30 日同一次政治局会议上用"底子薄""人口多"的讲话相呼应。[61] 从此以后，中共中央公开把人口当消极因素，当包袱宣传了。其次是陈慕华 1979 年 6 月 27 日中央党校报告提出"一胎化"以前，陈云已经有了"只准一个"的表述。1979 年 6 月 1 日，陈云对上海市的领导谈话说："先念同志对我说，实行'最好一个，最多两个'。我说再强硬些，明确规定'只准一个'。"[62] 就时间顺序说，陈慕华在中央党校的报告比陈云这个谈话晚了 25 天，所以说陈慕华的"一胎化"源于陈云。笔者一度也有这样的认识。[63]

但是，细究起来，这一认识是不正确的。首先，陈云是在 1978 年 12 月的十一届三中全会上补选为政治局常委、党中央副主席的。而陈慕华在 1978 年 6 月 26 日的国务院计划生育领导小组第一次会议上，已经对生育政策有了"关键是少，特别是要在'少'字上做好工作"的指导思想，以及在 9 月 19 日给中央的报告里提出了"最好一个最多两个"的生育政策，1979 年 1 月 17 日全国计划生育办公室主任会议上讲话"鼓励生一胎"和"对只生一胎的给予奖励"。检视陈慕华的思想逻辑和政策发展的脉络，已经距离"一胎化"的提法只有一步之遥了。说明陈慕华本就有提出"一胎化"政策的主观基础，即使陈云的谈话对她有影响，但不是决定性的因素。其次，把陈慕华提出"一胎化"归之于陈云，不符合中国共产党的政治规则。中国共产党的运作机制就其原则说叫"民主集中制"，其"集中"

60　《三中全会以来重要文献选编》上，第 74 页。

61　《三中全会以来重要文献选编》上，第 86 页。

62　《陈云传》（下），第 1596 页。

63　笔者 2008 年 12 月 2 日致 Susan Greenhalgh 的信，梁中堂《中国计划生育政策史论》，中国发展出版社，2014 年，第 475-476 页。

就是由领袖即"一把手"决定和决策。1979 年陈慕华提出"一胎化"的时候，党中央几位领导人的排序是华国锋、叶剑英、邓小平、李先念、陈云、汪东兴，重大问题还是由担任党中央主席、国务院总理、中央军委主席华国锋拍板决定的。尤其在陈云前面还有邓小平，轮不上陈云决策。如果将"一胎化"这样重大的政策强行归结到并不主管计划生育的陈云，势必在党内形成一种尴尬的局面，后面还要详细叙述。相反，陈慕华虽然不是中央主要领导人，但是中央领导集团中主管计划生育工作的领导，是计划生育工作的一把手，当最初提出"一胎化"的时候，可以看作是政策，也可以当作是方法，陈慕华有权这样做。

还有一种观点，说"一胎化"来自于宋健。尤其是 2008 年，Susan Greenhalgh 的著作 Just One Child 在美国出版以后，这一观点在国内外得到普遍传播。按照这一观点的说法，邓小平执行民主与科学决策，接受了宋健等国防科学专家的建议，制订了"一胎化"的生育政策。其实，上面论述陈云的基本原理，也适合邓小平。1979 年陈慕华提出"一胎化"的时候，邓小平还未成为一言九鼎的决策者。因为宋健说传播得比较广泛，所以要多说几句。

首先要指出的是，Susan Greenhalgh 的这本书并不是一本建立在第一手资料基础上的研究成果，而是社会学家田野调查即作者在中国采访和访谈的结果。所以，就逻辑关系来说，"一胎化"源于宋健的说法，是一个"出口转内销"的货色。Susan Greenhalgh 的书是 2008 年在美国出版的，而笔者早在 2006 年 5 月至 2007 年 4 月的几个版本的《"一胎化"产生的时代背景研究》的论文里，——尤其是在 2006 年 7 月为参加北京大学人口经济研究所陈功所发起的"中国青年人口学家论坛"所写的第一稿里，就已经针对"宋健说"予以批驳过了，说明早在 Susan Greenhalgh 以前，国内已经有"一胎化"源于宋健说了。详细情况，请读者阅读笔者已经公开发表的这篇文章。[64]

---

64 《中国计划生育政策史论》，第 236-240 页。虽然这是一本 2014 年才出版的

其次，也可能是最为重要的一点，即按照这一说法，是邓小平，还有说胡耀邦，而 Susan Greenhalgh 给对我说的是"中国决策者"[65]接受了宋健的研究制订了"一胎化"。可是，包括 Susan Greenhalgh 在内，没有任何人能够提供任何具体事例能把宋健和邓小平胡耀邦等当时中央的决策者联系起来。所以，它本就是一个虚构。

关于宋健说有两处致命伤。读者已经知道，"一胎化"生育政策早在 1979 年就在全国实行了。可是，我们依据宋健的《宋健科学论文选集》，不难发现，第一，1980 年 1 月 31 日《世界经济调研》上刊登的宋健于景元李广元的《关于我国人口发展问题的定量研究报告》，才是宋健的第一篇有关人口问题的文章。也就是说，当陈慕华 1979 年在全国大力推行"一胎化"生育政策的时候，宋健还未曾写出人口学方面的文章呢。

第二，如果"一胎化"是邓小平等中央决策者接受宋健的建议才制订的，那么，宋健早在 1979 年陈慕华推行"一胎化"以前就应该与主管计划生育工作的陈慕华认识了。但是，从宋健自己编辑的《宋健科学论文选集》所收录的一些相关史料看，事情并不是这样的。

1980 年 2 月 8 日，国防科工委副主任钱学森致信国务院副总理、国务院计划生育领导小组组长陈慕华的信说：

论文集，但是，笔者的相关论文大都是在早期的一些学术会议上提交和发表的。《"一胎化"产生的时代背景研究》因为在 2006 年至 2007 年的几次会议上发表过，所以有几个不同的版本。目前手上有相同题目的 2006 年 7 月的自印本和 2007 年 4 月的"修订本"。前一个版本是作者 2006 年 5、6 月份为参加北京大学人口所主办的第二次中国青年人口学家论坛撰写的。2007 年的"修订本"《序言》（收入《中国计划生育史论》一书时未曾收录）说："'一胎化'是一个荒谬。荒谬和真理都同样地简单。'一胎化'最初就是为了'贯彻落实华国锋主席在五届人大会议政府工作报告中提出的三年内把我国人口自然增长率降到百分之一以下的任务'提出来的……"

65 Susan Greenhalgh 在给笔者的信中说："中国学者和政党（政府）之间的关系是整本书的真正主题。我感谢您的评论，然而，我认为，我的研究把传统上认为学者基本上听决策者的观点复杂化了。我的研究表明，宋健的研究如何显著地改变了中国决策者的观点。这一点令人吃惊。"拙著《中国计划生育政策史论》，第 480 页。

　　七机部二院副院长、我国自动化理论家宋健同志和其他几位同志把他们最近就我国人口所作的预测和分析的结果寄给了我一份，我认为这是自然科学和技术科学工作者进入社会科学领域，和社会工作者一道，共同解决国民经济问题的一个良好开端，应该支持。知道您领导这方面的工作，所以把全部材料转呈给您，供您参考。

　　1980 年 2 月 10 日，中国社会科学院副院长许涤新也给陈慕华写信说：

　　宋健等四同志的关于我国人口百年发展预测和分析是我国自然科学工作者和社会科学工作者合作研究的可喜成果，对于科学制定人口政策和国民经济远景规划，有一定参考价值。

　　同钱学森同志一样，很重视这一预测和分析，也主张把全部材料呈现给您，以便您在考虑人口政策时，作为参考。

　　1980 年 2 月 25 日，陈慕华给钱学森和许涤新的回信说：

钱学森、许涤新同志：

　　你们送来的我国未来一百年人口发展趋势的资料很好，对制订我国人口政策很有参考价值。我已特报政治局。

　　请你们代向宋健等同志致谢。[66]

　　"一胎化"生育政策早在 1979 年就实施了，而这 3 封信产生于 1980 年 2 月。它们说明，1980 年 2 月，即"一胎化"政策已经在全国实施以后，宋健小组还未与陈慕华通上关系。所以，国防科工委所属的七级部第二研究院副院长宋健和中国社科院经济研究所助理研究员田雪原分别活动各自的领导——国防科工委副主任钱学森和中国社科院副院长许涤新分别向主管计划生育工作的陈慕华写信搭线。尤其是陈慕华信中的一句"请你们代向宋健等同志致谢"已经

---

66 《宋健科学论文选集》，科学出版社，1999 年，第 540-546 页。

充分说明，1980 年 2 月 25 日以前，宋健还未到达国务院计划生育领导小组组长陈慕华的面前，遑论由他提出"一胎化"的人口政策了。

还有一种说法，即"一胎化"来自于田雪原。确切些说，这一说法是 2008 年 Susan Greenhalgh 的书出版以后，由田雪原自己编造出来的。2010 年前后，一度还有媒体称田雪原为"中国计划生育之父"，田雪原竟然还欣慰地接受了。之所以发生这个情况，是因为田雪原本是"宋健小组"的重要成员，而 Susan Greenhalgh 把"一胎化"生育政策完全归之于宋健，引起田雪原的不满，由其编造了一个"1980 年中央书记处人口座谈会"，通过 5 次座谈谈出"一对夫妇只生一个孩子"的政策。而在所谓的中央人口座谈会期间，"本人（田雪原——引者注）受命起草向书记处的《报告》"，以及"还按照领导要求，分别撰写以个人署名的几个《附件》，以示对这样的论证负有责任。这两个文件奠定了 80 年代以来我国生育政策的基调，产生很大影响。"[67] 类似的陈述，田雪原在中国社会科学院老专家协会主编的《我在现场：亲历改革开放 30 年》[68]，以及他的专著《中国人口政策 60 年》[69]，都有记述。尤其是后一著作，有着更为详尽的描述。因为田雪原的这些叙述最早是在 2009 年和 2010 年通过北京的一些媒体扩散的，所以，笔者在 2010 年至 2013 年写过许多篇文章予以批评和批判，有兴趣的读者可以阅读收录在笔者公开出版的《中国计划生育政策史论》中的《致田雪原》，以及自印本《论"公开信"》和《鹿耶，马耶：田雪原的"中央人口座谈会"》。这里只需向读者提示一句话，田雪原向人们陈述的是 1980 年 4、5 月份的"中央人口座谈会"谈出了"一对夫妇只生一个孩子"的政策，但事实是，"一胎化"生育政策早在 1979 年就由陈慕华推及到全国了。如果寻

67　程恩富主编《激辩"新人口策论"》，中国社会科学出版社，2009 年，第 40-41 页。

68　中国社科院老专家协会《我在现场：亲历改革开放 30 年》，社会科学文献出版社，2009 年，第 308 页。

69　田雪原《中国生育政策 60 年》，社会科学文献出版社，2009 年，第 120-154 页。

找田雪原早年的文章，1979 年 8 月 18 日，即陈慕华 6 月 27 日在中央党校提出"一胎化"以后，田雪原与梁文森合作在《未定稿》上发表的文章《有计划地把我国人口增长率降到零以下》中，已经有建议"制定只准生一个孩子的立法"。[70] 尤其是 1980 年 3 月 18 日，田雪原在人民日报上发表的署名文章《关于人口"老龄化"问题》中，明确说"当务之急，就是要把人口的自然增长率比较快地降下来，提倡一对夫妇只生一个孩子，向着人口自然增长率为零的战略目标前进"。[71] 都充分说明，作为一项重要政策，"一胎化"已经在 1979 年在全国推行了。30 年以后，田雪原又说 1980 年 4、5 月份"中央书记处人口座谈会"才谈出了"一对夫妇只生一个孩子"的政策，岂不是自打嘴巴？

为了戳穿田雪原编制的谎言，笔者把田雪原所指认的"中央人口座谈会"的第一期简报的头两段话原原本本录制给读者。

人口问题座谈会情况简报

（一）

人口座谈会秘书组 1980 年 4 月 10 日

中央办公厅召开我国人口问题座谈会。会议的主要议题是：提倡和鼓励一对夫妇只生一个孩子及其产生的问题和解决途径。4 月 7 日下午举行第一次会议，参加会议的有自然科学、医学科学工作者 19 人，研究人口问题的社会科学工作者 19 人，中央、国务院有关部委负责人 25 人，会议由中央办公厅副主任冯文彬同志主持。

会议开始，冯文彬同志首先指出：为了解决我国人口问题，提倡和鼓励一对夫妇只生一个孩子，这个大方针是定下来了。在贯彻这个

70　梁中堂室藏人口与计划生育研究资料，1979081801，梁文森田雪原《有计划地把我国人口增长率降到零以下》，中国社会科学院写作组《未定稿》第 35 期，1979 年 8 月 18 日。

71　1980 年 3 月 18 日人民日报，第 5 版。

方针的过程中，干部群众中议论较多。有人说两对夫妇各生一个孩子，将来结婚后生育一个孩子，这样两个劳动力就要抚养 4 个老人，一个孩子。还有人说青少年犯罪中独生子女比例高，独生子女中低能儿的比例也较高，独生子女中女多男少，有的人还担心今后的兵源问题等。计划生育工作中也存在有宣传不够深入，有的地方搞强迫命令，医疗技术没有完全过关等方面的问题。中央书记处在讨论这个问题时建议召开一个座谈会，征求各方面科学家的意见。今天请各方面的专家来，就是要讨论这个问题，如何既能达到控制人口增长的目标，又能避免或妥善解决由此而造成的某些不良社会后果。[72]

首先，简报第一句话就交代"中央办公厅召开我国人口问题座谈会"，表明这次会议是中央办公厅副主任冯文彬主持召开的中央办公厅座谈会，而不是田雪原所说中央书记处座谈会或中央座谈会。其次，会议明确说"为了解决我国人口问题，提倡和鼓励一对夫妇只生一个孩子，这个大方针是定下来了"，所以不是田雪原所说通过这次座谈会才"谈出"了一对夫妇只生一个孩子的政策。第三，冯文彬开诚布公地说，会议讨论"提倡和鼓励一对夫妇只生一个孩子及其产生的问题和解决途径"，即讨论只生一个孩子的政策会出现哪些意想不到的问题，以及如何应对，中央想听听专家们的意见。所以，田雪原说 1980 年 4、5 月份有过一个"中央书记处人口座谈会"，纯属谎言。仅从这期简报的日期上分析，难道中央书记处有一个田雪原所说的"中央人口座谈会"正在北京召开，而作为中央办公厅副主任的冯文彬同一时刻又主持召开了另外一个中央办公厅人口座谈会？[73]

72　梁中堂室藏人口与计划生育研究资料，1080041000，《人口问题座谈会情况简报》（一）。

73　按照会议简报所说，座谈会要讨论"提倡和鼓励一对夫妇只生一个孩子及其产生的问题和解决途径"的。但是，因为中央办公厅副主任冯文彬依靠国务院计划生育领导小组办公室主办这次会议，到第二次、第三次会议期间，人们已经纷纷发言附和国务院计划生育办公室而一边倒地说"一胎化"如何、如何好了。冯文彬见会议已经没有意义，后来也不参加会议了，原准

备给中央书记处写个报告，也不写了。本是以中央办公厅名义召开的座谈
会，后几次会议竟然没有中央办公厅的人参加了，甚至最后给书记处的会
议报告竟然是以没有向中央报告资质的国务院计划生育领导小组办公室名
义撰写的（中央在国务院计划生育领导小组设置了党组，国务院计划生育
领导小组办公室只是前者的办事机构，并没有直接对党中央报告的行事
权）。大约 10 多年前，国家计生委老干部刘甘栗同志曾经对笔者述及这次
座谈会，她说本来是要征求对"一胎化"的意见的，可是会议开着、开着，
人们一边倒地都说起"一胎化"好了。

第五节

管制国民生育行为的计划生育制度的形成与建立

随着陈慕华"一胎化"生育政策的提出和推行，新中国很快就出现了一种新的生育制度。这个新制度明显有以下几个特点。

第一，新制度与旧制度的最大区别是国民凭证生育。自古以来，人类都属于自由生育，随着 1979 年陈慕华的"一胎化"政策的推行，政府很快把国民的生育纳入到国家计划[74]，实行向居民发放生育指标的生育制度，凡得到生育指标的居民才可以生育。这是新制度最为显著的特征。

第二，新制度以用"一胎化"政策和生育计划双向限制国民的生育。顾名思义，计划生育是按照国家计划安排国民生育的。其实，这样的理解并不符合实际、不全面。陈慕华主管计划生育的指导思想是"关键是少，特别是要在'少'字上做好工作"，所以，实行计划生育的目的是要控制人口，要人们少生，甚至不生。这样，管理者总是从政策和计划两个方面限制人们的生育的，——按计划，某个单位有生育指标，但不符合生育政策，就宁可让生育指标作废；即使某夫妇符合"一胎化"生育政策的条件，但依据上级下达的计划领不到生育指标，也不得生育。在这样的制度下，一些地方甚至发生过要求女方领取结婚证时，先上节育环。

第三，从中央政府到基层的居民组织，自上而下地组建了一支以

74　1980 年 9 月 7 日，国务院总理赵紫阳在五届全国人大三次会议上的《政府工作报告》提出："计划生育要列入长远规划。"这是党和国家领导人第一次表述要把计划生育纳入国家规划，也是政府管制国民生育的法律依据。《中国计划生育全书》，第 40 页。

管制国民生育行为为目的的管理机构和队伍。这支管理机构和队伍首先包括了从中央到地方的各级党政一把手，其次是从工厂、学校和街道，以及农村的村民委员会，凡是有党组织的基层居民单位，都有基层党组织的负责人亲自担任领导的计划生育领导小组和明确职责的计划生育管理人员，然后才是各级政府的计划生育管理机关和从事计划生育管理工作的干部队伍。

第四，生育自由是自然法则，是传统，现代国家的法律体系正是在此基础上形成的。所以，现代国家法本都是排斥生育立法的。[75] 但是，新中国的计划生育却恰好是以法的形式予以推行的。推行计划生育法，依法限制和干涉国民的生育自由，恰好是中国计划生育制度的一个显著特征。陈慕华主管计划生育的时候，中央刚刚宣布结束文化大革命，一大批在文化革命中被群众运动整肃的领导干部重新恢复了领导职务。这些从牛棚里走出来的领导干部在文化大革命中吃尽了群众运动无法无天的苦头，所以呼唤法制建设，要求依法治国。陈慕华主管计划生育以后，也要求立法，用法管制国民的生育，以法治民，至 1980 年 1 月，全国 29 个省、市、自治区中有了除西藏和新疆以外的 27 个都得以颁布实行了计划生育条例或者暂行规定。[76] 用法律管制国民的生育行为，是缺失法治精神与法制传统的新中国实行的计划生育制度的又一个显著特征。

我们以山西省为例，看计划生育是如何以法的形式予以推行的。

山西省革命委员会文件

晋革发（1979）154 号

关于印发《山西省计划生育工作的若干规定》（试行）的通知

各地区行政公署，各市、县革命委员会，省直各办、委、局：

---

75 《中国计划生育政策史论》，第 439 页。

76 《陈慕华在全国计划生育科技专业会议闭幕式上的讲话（节录）》，《中国计划生育全书》，第 163 页。

遵照党中央、国务院有关文件和华国锋同志在五届人大二次会议上作的《政府工作报告》中有关计划生育工作指示的精神，结合我省开展计划生育工作的实践，参照兄弟省、市的做法，制订了《山西省计划生育工作的若干规定》（试行），现印发给你们。希传达到全体干部、职工和广大群众，认真做好广泛的宣传发动和思想教育工作，推广节育技术，做好妇幼保健工作，使广大群众自觉自愿地实行计划生育。在试行中有什么经验和问题，随时报告省革委计划生育办公室。

一九七九年九月七日

山西省计划生育工作的若干规定（试行）

为了切实控制人口增长，加速社会主义现代化建设事业的发展，遵照中共中央（1978）69号、国务院（1978）28号文件和华国锋同志在五届人大二次会议上作的《政府工作报告》中有关做好计划生育工作的指示精神，结合我省实际情况，特作如下规定：

一、大力提倡晚婚。晚婚年龄，农村提倡女二十三周岁，男二十五周岁结婚，城市略高于农村。加强对青年的晚婚教育，严格结婚登记制度。未经结婚登记非法同居而怀孕、生育的，要根据情节、态度和影响，给予必要的批评、教育或处分。非婚生育子女不得享受劳保待遇。

二、计划生育的基本要求是"晚、少、稀"，关键是"少"。提倡一对夫妇生育子女数最好一个，最多两个（包括送给别人抚养的小孩在内）。要求生第二胎者，间隔必须在三年以上。

三、积极鼓励和适当奖励终身只生一个孩子的夫妇。对自愿只生一个孩子，已采取有效节育措施并保证不再生育的，经单位核实后，报所属社、县（区）计划生育办公室备案，由县〔区〕发给《独生子女证》（终身不孕者，抚养了别人的一个孩子，不能享受独生子女待遇），其子女凭证优先入托儿所、幼儿园，有病时可优先住院治疗。

领有《独生子女证》的干部、职工夫妇，可每月享受独生子女保健费五元，一般由女方所在单位发给（在福利费、企业基金中开支）；农村社员夫妇，由所在生产队每月记子女保健补贴工五个（从公益金中开支）；夫妇一方为干部或职工，一方为农村社员，由干部、职工所在单位发给子女保健费。子女保健费和保健补贴工从父母决心只生一胎，保证不再生育，并采取了有效节育措施之日起，发（记）至孩子十四周岁为止。

招工、招生，在同等条件下，对独生子女可优先招收。农村兴建房屋，生产队应优先解决独生子女户房地基和所需材料、劳力。独生子女可按成人的基本口粮标准分配口粮。

城镇、机关、企业单位在安排住房时，只生一个孩子的应享受两个孩子的住房待遇。本规定实行后超生育的多子女户，不另增加分配住房。

对于已享受上述待遇又生了第二胎者（不包括子女残废或死亡），由所在单位收回其《独生子女证》，并扣还已领取的子女保健费和子女保健补贴工。

四、对经过耐心宣传教育，仍坚持不实行计划生育的干部、职工，应采取经济限制办法。凡生育三胎或三胎以上的干部、职工，由所在单位每月分别扣其男、女双方工资的百分之十。农村社员年终分别扣男、女双方劳动总工分的百分之十，工资和工分从孩子出生之日起扣至孩子十四周岁为止：所扣的工资、工分分别纳入本单位和本社队的福利金和公益金中支配使用。在扣发工资或工分期间，孩子的口粮，属非农业人口的，按议价粮供应；属农业人口的，按国家粮食超购价计算，并不得分超产粮，调整自留地时不得分自留地，不能分房基地。

由于计划外生育造成的生活困难，不得享受困难补助，不能享受家属统筹医疗、合作医疗和干部、职工子女顶替以及直系亲属的劳保待遇。男女双方在三年内不予提薪、提干，亦不得发给月奖和年终奖，不能评为先进工作（生产）者。

再婚夫妇，已有两个孩子的，不再安排生育指标。

五、改变重男轻女的旧风俗。坚决贯彻执行男女同工同酬的原则。子女均有赡养父母的义务和继承遗产的权利。在农村大力提倡和支持男青年到有女无儿户结婚落户，任何人不得干涉、歧视。有女无儿户的父母可享受其女儿和女婿直系亲属的劳保待遇。干部、职工同有女无儿户的岳父母共同生活的，岳父母去世时，应享受丧假待遇。

六、接受节育手术者，在规定休息期间，属于国家和集体所有制单位的干部、职工，其工资照发；农村社员由所在生产队照记工分（平时不参加劳动者不记）。均不影响全勤评奖。在结扎手术后，个别必须由配偶护理时，经医院证明，单位领导批准，其护理期间的工资、工分照发、照记。不影响全勤评奖。临时工、合同工做节育手术休息期间，工资由雇用单位发给。手术费用的报销，享受公费医疗的，在公费医疗费内开支；享受劳保医疗的，在劳保医疗费中开支；集体所有制单位，由所在单位医疗费内开支；临时工、合同工由雇用单位负责开支；城镇居民、农村社员，由计划生育经费中开支。

七、各级卫生行政部门，要建立计划生育技术指导组织，认真抓好计划生育技术指导工作，定期对节育技术人员进行技术考核，组织经验交流，提高节育手术质量。节育手术事故后遗症，并发症的会诊及治疗工作，由卫生、医疗部门负责。

经县以上计划生育技术协作组鉴定，确因计划生育手术引起的事故和并发症，医疗部门要积极给予治疗。经医疗部门证明，需要休息的，工资照发。对因结扎手术事故而丧失或基本丧失劳动能力导致生活困难的农村社员和城镇居民，应以集体为主，国家社会救济资助的办法解决。

八、计划生育要纳入国民经济计划。各条战线评选先进集体时，应把计划生育作为一项重要条件。未完成上级下达的人口计划指标的单位，不得评选为先进单位。

计划生育工作做出显著成绩的单位，应授予"计划生育先进集体"光荣称号和给予适当物质奖励。做出显著成绩的企业单位，可在提取的企业基金中拿出一部分用于计划生育奖励。做出成绩的地、市、县（区）由省给予适当奖励。

对从事计划生育工作取得优异成绩的干部、科学技术人员、医务人员、赤脚医生，应给予表扬和奖励。

农村计划生育积极分子，确因开展计划生育工作误的工，经生产队群众讨论，可评记适当工分；成绩显著者，应予表扬和奖励。

九、在提倡和推行计划生育的同时，有关部门要认真做好妇幼保健工作，办好幼托组织，努力做到生一个、壮一个，以促进计划生育工作的开展。

十、加强宣传教育，坚持做耐心细致的思想政治工作，对不实行晚婚和计划生育的党员、团员、干部、职工，党团组织和有关单位要进行批评教育。对不接受教育，影响很坏的要给予纪律处分。

对利用职权徇私舞弊，散布谣言，打击、陷害计划生育工作人员、积极分子及非法取环等破坏计划生育者，要严肃处理。造成恶果的，要严加惩处。

本规定从一九七九年十月一日起试行。

各地过去已经采取的行之有效的计划生育办法，原则上符合本规定精神的可以继续执行。

国家计划生育法公布后，本规定的精神如有不符，以国家计划生育法为准。

一九七九年九月七日

抄送：国务院计划生育办公室。

山西省革命委员会办公厅　一九七九年九月八日印发

共印：三七〇〇〇份[77]

因为山西省政府的这个行政法规是贯彻 1978 年中央 69 号文件的，比照陈慕华 1979 年 6 月 27 日中央党校报告中提出的"一胎化"政策，明显已经落后了。所以，5 个月以后，1980 年 2 月 29 日，山西省又以山西省人民政府计划生育领导小组办公室的名义颁发了一

77　梁中堂室藏人口与计划生育研究资料，1979090702，《山西省计划生育工作的若干规定（试行）》。

份题为《关于大力提倡一对夫妇只生一个孩子的几点意见》的新文件，要求全省计划生育部门遵照执行。

山西省人民政府计划生育领导小组办公室文件

（80）晋政计育办字第 5 号

关于大力提倡一对夫妇只生一个孩子的几点意见

各行署、市、县（区）计划生育办公室：

实行计划生育，是毛主席、周总理生前倡导的是以华主席为首的党中央十分重视的一项伟大事业。把计划生育工作的重点转移到大力提倡一对夫妇只生一个孩子上来，这是目前我国人口发展中的一个战略要求。只有达到这个要求，才能控制人口的增长，使人口增长与国民经济的发展相适应，这对于实现四个现代，发展国民经济，改善人民的物质和文化生活，提高整个民族的健康和福利，都具有极其重要的现实意义和长远的战略意义。

为什么大力提倡一对夫妇只生一个孩子呢？这是因为我国人口多、基数大、经济基础差、底子薄，特别是解放以来人口增长速度过快决定的。根据科学家预测，我国人口发展趋势是这样的：

如果从今年起平均生育率（每个育龄妇女平均生育子女数）为三，到二〇〇〇年全国人口将达十四亿一千四百万〔台湾省数字暂缺，下同〕，二〇五〇年将达二十九亿二千三百万，二〇八〇年将达四十二亿六千万；

如果平均生育率为二点三，今后我国人口也将长期持续增长，到二〇〇〇年全国人口将达十二亿八千二百万，二〇八〇年将达二十一亿一千九百万；

如果从今年起平均生育率为二，我国人口还要再增长七十二年，到二〇〇〇年全国人口将达十二亿一千七百万，到二〇五二年达到最高峰值时为十五亿三千九百万，从二〇五三年人口总数开始下降，到二〇八〇年可降至十四亿七千二百万；

如果从今年起平均生育率一直为一点五，到二〇〇〇年全国人口将达十一亿二千五百万，二〇二七年达到最高峰值时为十一亿七千二百万，从二〇二八年人口总数开始下降，到二〇八〇年可降至七亿七千七百万；

如果从今年开始平均生育率显著降低，一九八五年降到一对夫妇只生一个孩子，从此以后年年坚持实行"一胎化"，我国人口还要再增长二十五年，到二〇〇四年达到最高峰值时，全国总人口为十亿五千四百万，二〇〇五年以后开始下降，到二〇二八年才能降至目前九亿六千万的水平，到二〇六〇年可降至六亿一千三百万，到二〇八〇年可降至三亿七千万。

从以上我国人口发展的趋势来看，当务之急是尽快把人口增长率降下来，向"一胎化"方面过渡。只有这样做，才能在本世纪末把人口的自然增长率降到零，以便取得控制人口增长的主动权。

从目前来看，我国人口增长与国民经济发展极不相适应，严重地影响了国家积累和人民生活的提高，从各方面给国家造成了很大的压力。在这个状况下，吃饭、就业就成了很大的问题，更谈不上教育的普及和提高，这样就直接影响和妨碍了科学文化和技术的发展。如果我们不下更大的决心，花更大的力气控制人口增长，人口问题必将成为实现四个现代化的严重障碍。所以我国人口的发展，即使按目前的规划进行，大力提高一胎化的比例。城市逐步达到95%，农村达到90%，到85年人口增长率下降到5‰左右，二〇〇〇年持平。就是这样，如果到那时生产粮食达到八千亿斤，每人也只能平均六百六十六斤，仍然改变不了低水平的局面。这个严重问题我们必须要有清醒的认识。所以，要想加速实现四个现代化，使我国繁荣昌盛，国富民强，从根本上改变我国人口增长与经济发展不相适应的情况，除了积极发展生产以外，就必须实行计划生育，大力提倡和推行一对夫妇只生一个孩子，这是唯一可行的有效办法。也是形势逼人，势在必行。

从去年，我省发布了省革委晋革发〔79〕154号文件，即《关于山西省计划生育工作的若干规定》（试行）之后，对我省的计划生育工作起了积极促进作用，特别是推动了一胎化的发展和巩固，扩大了一对夫妇只生一个孩子的比例，出现了一大批推行一胎化好的单位和个人典型，有力的带动和促进了我省计划生育工作向着一个新的水平发展。但是各地在贯彻执行省革委 154 号文件的过程中也遇到了一些具体问题，为了进一步贯彻中央、国务院关于计划生育的方针政策和要求，贯彻省革委 154 号文件精神，切实做好一对夫妇只生一个孩子的工作，稳步提高和扩大一胎化的比例，把我省的计划生育工作真正提高到一个新的水平，经研究，提出以下具体意见。

一、大力提倡一对夫妇只生一个孩子，这是当前实行计划生育，控制人口增长的重点

计划生育的基本要求是，晚婚、晚育、少育、优生。这个要求的重点是少育。一对夫妇只生一个孩子。为做到少育，着重奖励只生一个孩子的夫妇，严格控制二胎，坚决杜绝三胎，为了巩固和发展一胎化的成果，各地必须在党委的领导下，坚持党的总路线和总任务，在充分做好政治思想工作的基础上，认真坚持奖惩制度，有奖有惩，以奖为主的精神。对现在无子女的育龄夫妇要因人制宜，逐人逐个地作好工作，讲明前途、利害，讲明大局、小局，讲明个人、集体和国家的关系，讲明实行计划生育和四化建设的关系，达到提高认识，积极落实只生一个孩子的具体措施，真正做到抓早、抓细、抓实，措施到人，工作到家，成效落到"一胎化上。"

二、进一步明确"独生子女"的概念，认真做好一胎化的巩固和发展工作

所谓"独生子女"就是一对有生育能力的夫妇终身只生一个孩子。在生育一个孩子之后，已采取了有效的节育措施，并保证不再生育者。对此必须大力提倡和鼓励。同时要发给《独生子女证》和独生子女保健费或补贴工。这是鼓励只生一个孩子的一项重要的奖励性措施，而不能把这种奖励认为是一项普遍的社会福利，因此，也就不能把所有只生一个孩子的人都发给《独生子女证》，都享受独生子女保健费或补贴工的待遇。

为了进一步巩固和发展一胎率的成果，凡符合下列条件之一者，可享受独生子女的待遇。

第一：凡是有生育能力的一对夫妇，在生了一个孩子后，夫妇双方自愿终身只生一个孩子，落实了节育措施，保证不再生育者。

第二：有生育能力的夫妇，原有两个或两个以上孩子的，孩子死亡只剩下一个（孩子不超过十四周岁），保证不再生育，并落实了节育措施者。（保健费或补贴工，从孩子死亡之月算起）。

第三：原来没有生育能力，抚养了一个孩子后，恢复了生育能力，怀孕及做了人工流产或引产术，落实了节育措施，保证不再生育者。

第四：再婚夫妇，现在身边无子女（户口上无子女、本人或其它人也无代抚养子女），只生一个孩子，落实了节育措施，保证不得生育者。

第五：一对夫妇只生了一个孩子，做了绝育手术后，孩子伤亡，抚养了别人一个孩子，可继续享受独生子女待遇。

第六：早婚、早育只生了一个孩子，经过教育或处理，保证不再生育，夫妇双方均已达到晚婚年龄者。

第七：离婚、丧偶后身边只有一个孩子，（指原来只生一个孩子）并表示不再结婚；可发给独生子女证并享受独生子女的待遇。

同时对一些有生育能力的夫妇，只生了一个孩子，落实了节育措施，保证不再生育者，其独生子女现已超过 14 周岁，但尚未就业者，和在省革委（79）154 号文件未下达前，抚养了别人一个孩子的。这两种情况虽也是只有一个孩子，但和上述情况不同。因此，不论具备那一条者，则只发给"独生子女证"，而不能享受独生子女的待遇。

三、为了切实鼓励只生一个孩子的夫妇，限制多胎，控制人口，对以下几种情况之一者，不能享受独生子女的待遇。

第一：把孩子寄养或送给别人，身边只留有一个孩子的。

第二：夫妇双方或一方是再婚，前婚带来一个孩子，再婚后又生了一个孩子的。

第三：一对夫妇生育两个孩子后，离婚分居各负责抚养一个孩子，尚未结婚者，虽然身边只有一个孩子也不能享受独生子女待遇。

第四：晋革发（1979）154 号文件下达之后，本人无生育能力，抚养别人一个孩子的。

第五：早婚所生子女，虽只生一个，保证不再生育，但不到晚婚年龄不能享受独生子女待遇，并不能提前领取《独生子女证》。

第六：一对夫妇已生两个孩子，落实了有效节育措施，保证不再生育，但其中有一个孩子残废，也不能享受独生子女待遇。

四、对已经领取《独生子女证》后出现以下情况的处理

凡是已领取《独生子女证》，因中途离婚、丧偶、因疾病丧失生育能力或女方超过 49 岁绝经者，对已领取的《独生子女证》一般不收回，可以继续享受规定的待遇。但如果再结婚，双方子女总数超过一个，则要收回《独生子女证》，同时也不能继续享受独生子女所规定的待遇。但过去已享受的部分不再扣回。

凡是原系独生子女因重伤残废，经批准再生第二个孩子的，在第二个孩子出生后，应收回其《独生子女证》，同时停止凭证享受的一切待遇。但过去已享受的不再退回。

五、关于经济制裁问题

主要是鼓励只生一胎，限制多胎。对于多胎者限制的办法是：凡是晋革发（1979）15 4 号文件下达之后，即一九七九年十月一日以后，本人原有两个孩子，再育或抚养别人的一个孩子，按多子女对待，根据"规定"受经济制裁。凡是原有三个孩子，在受经济制裁期间，有一个孩子死亡，这种情况应从孩子死亡之月起停止经济制裁。经济制裁不是目的，只是对经过耐心宣传教育仍不实行计划生育的育龄夫妇，采取从经济上限制的一种办法。其目的在于控制人口的增

长。如果不生多胎，就不会受到经济制裁。

六、对于再婚夫妇生育的问题

所谓再婚夫妇，是指男女双方再婚或一方再婚者〔即一方为初婚，一方为再婚〕，都称为再婚夫妇。关于再婚夫妇的生育，首先看其双方再婚后有几个孩子，如果双方（或一方）原有孩子，但经政法部门明确判归原婚另一方所抚养，再婚后双方身边无子女者，即可安排生一个孩子的指标，并能享受独子女证及其独生子女待遇。如果再婚后一方原婚无子女，另一方带来一个孩子〔指原婚只生一个孩子〕再婚后夫妇双方均有生育能力，但表示不再生育者，并采取了节育措施，亦可发给独生子女证并享受其待遇。如果双方都为再婚者，再婚前双方均有孩子（一个以上），再婚后只要有一方带来一个孩子（不论孩子系那一方），则不再安排生育指标。

以上意见，供各地在贯彻省革委（79）154 号文件时参照执行。

一九八〇年二月二十九日[78]

我们再看县一级政府是如何做的。

山西省翼城县革命委员会文件

翼革字（1980）第 1 号

翼城县革命委员会关于计划生育几个具体问题的规定

各公社、各生产大队、县直各单位、驻翼城各厂矿单位：

为了认真贯彻执行《山西省关于计划生育若干问题的规定》，切实控制人口增长，加速社会主义现代化建设事业的发展，根据我县实际情况。经研究，特作如下具体规定：

78　梁中堂室藏人口与计划生育研究资料，1980022900，《关于大力提倡一对夫妇只生一个孩子的几点意见》。

一、大力提倡和实行晚婚

1．晚婚年龄：男在二十五周岁以上，女在二十三周岁以上，如年龄不够者，不得发给结婚证。

2．领取结婚证地点：村社员，男女双方必须到所在公社领取结婚证，不得跨社、跨县，不准走后门领取结婚证。违者，所在社队有权不接户口，并抽回结婚证，情节严重的要给予纪律处分。

3．结婚登记手续：农村社员必须持大队介绍信，由公社民政助理员和计划生育助理员审查，合乎规定者，才能办理结婚登记手续。各公社每月只办理一次结婚登记。非农业人员领结婚证者，除持单位证明外，还必须有公安局户籍室的出生年、月、日证明，经民政部门审查，方可办理结婚登记手续。有关人员必须严格登记，如发现虚报、涂改年龄或者接受贿赂，营私舞弊，而发给结婚证者，要立即抽回结婚证。当事人要写出书面检查，并根据情节轻重，给予必要的纪律处分。

不允许未结婚非法同居。违者，由所在单位根据有关规定追究，并给以纪律处分。

二、要大力提倡和普及一胎化

1．对自愿只生一个孩子，已采取节育措施，保证不再生育者，经单位核实逐级上报，由县计划生育办公室审查发给《独生子女证》，按《山西省计划生育工作的若干规定》享受独生子女待遇。

2．对一胎绝育者除享受独生子女待遇外，还可以根据本单位的经济条件，分别给以必要的物质和现金奖励。

3．对计划外生育的，不论一胎或二胎，一律扣罚男女双方每月工资、工分百分之十，口粮按议价和加价粮供应，不发生育证。处罚时间从生下之日起至领到准生证止。同时，男女双方在一年内不能评奖、评模，不能晋级，产假不发工资。

4．对生三胎者，除按省《十条规定》处罚外，不能享受生育补证待遇。如发现违犯计划生育规定该罚不罚者，扣发所在单位领导和计划生育员工资或工分的百分之十。

5．对患有某种疾病，经医院检查不宜上环者，可以不上环，但必须采取其它避孕措施。对于多年不育者，也可以不上环。以上两种人一旦怀孕，要及时采取人流措施，否则要按本文规定的计划外怀孕论处。

6．凡已有两个子女的夫妇，都要采取结扎措施（任何一方皆可），对已失去生育能力或者年龄在四十周岁以上，而采取其它避孕措施者，可以不做结扎手术。如果发生怀孕要及早采取人流措施。否则按计划外怀孕执行，三胎者按省规定执行。

7．凡拒绝采取节育措施的非正式职工，应立即解雇；正式干部、职工要停职检查，检查期间工资扣发，待采取措施后再复薪复职。已扣发的工资不予补发。

8．虽已采取节育措施而又怀孕者，要及时声明，进行人工流产。否则按省规定有关条例执行。和按计划外怀孕规定执行。

三、管理制度

1．健全机构，坚持定期汇报制度。各公社、各系统都要建立健全计划生育工作检查组，坚持每月向县计划生育办公室汇报一次。每季度向县委作一次汇报。各单位每一季度都要将计划生育工作做一次分类排队，进行评比。通过广播、文件或榜示给以公布。对执行好的单位，要给予表扬和奖励；对后进单位，要通报、批评，对没有尽到责任的领导、负责人，要视其情况，给予经济制裁或行政处分。

2．本文所规定的罚工、罚款收入，在农村的纳入公益金内使用；在机关、厂矿、学校，纳入福利费使用。本文所规定的奖工、奖款，也在公益金或福利费内开支。

3．对于私自取环的医务人员或社会游医，要根据情节轻重，严加处理。

四、报户口制度

凡给孩子报户口者必须持有《准生证》《出生证》和采取节育措施证明，逐级上报。计划生育部门审核盖章。然后办理户口、粮食手续。凡采取非法手段办理户口、粮食手续者，要严加追究。对超生婴儿，粮食部门要另发粮本，严格按省十条规定办事。凡有营私舞弊者，一律严加追究。视其情节给予纪律处理。

五、发准生证

县计划生育办公室在每年三月份及时向各公社、县直各系统下达下年度生育指标，各公社、各系统要根据本单位人口出生计划，及时地把"准生证"发到准生者夫妇手中。

"准生证"只限准生对象本人使用，不得转让。如准生对象因故不能按年度生育者，准生证下年度无效。

六、各公社、各单位所制定的具体措施和办法，只要有利于计划生育仍继续实行。[79]

我们先选择一个工厂，看基层单位是如何做计划生育工作的。五四三九工厂是中央五机部所属的国家大型企业，按所在地原则它的计划生育工作属翼城县管理。

---

[79] 梁中堂室藏人口与计划生育研究资料，1980000000，《翼城县革命委员会关于计划生育几个具体问题的规定》。本文件没有日期，但在笔者编辑的《翼城县"晚婚晚育加间隔"计划生育试点研究资料之一〈试点前的翼城：试点前的计划生育资料〉》所收录的这份文件的讨论稿的日期，是 1979 年 11 月 3 日。

国营五四三九厂文件

计划生育委员会 计育字（1981）年 2 号

关于计划生育委员会扩大会议讨论八二年生育

指标情况和有关规定的通知

我厂计划生育委员会在主任贺聚跃同志的主持下，于八一年六月二十七日召开了扩大会议，到会人员共 22 人，深入讨论了翼城县计划生育委员会分配给我厂 82 年生育指标的分配问题和有关规定，对申请要 82 年生育指标的 44 名同志根据各单位讨论的意见计划生育委员会又进行了反复比较，充分讨论，将 32 名生育指标都已落实到人。并根据上级精神作出若干规定，现将会议决定通知如下：

（一）八二年准许生育的人员共 32 人，其中有：冯继斗、许永红、李桂芹、周丽、赵文丽、高梅芳、褚玉风、焉月芹、付孟玲，崔淑亭、王佩华、李路香、石荣芬、牟广玲、巩华林、谭桂英、孙景连、孙瑞霞、张淑芹、聂海燕、孙国萍、王淑英、于桂荣、于翠娥、杜淑霞、万瑞芳、李香兰、刘淑珍、张秀华、乔济萍、刘桂芳、殷淑霞。

（二）根据国务院、山西省和翼城县各级计划生育委员会通知精神，结合我厂实际情况，厂计划生育委员会在八一年四月二十一日下发了（计育）字 81 年 1 号文件做了一些具体的规定和要求，文件下发后各级领导和计划生育负责人，积极贯彻执行，进行宣传教育。广大青壮年和育龄夫妇都积极响应国家的号召，按照晚婚、晚育、少育，优生的基本要求安排自己的婚姻和生育，一胎化已成为多数人的自觉行动，这种形势是可喜的，应大力发扬。

但是也有个别人不考虑国家的利益，民族的兴旺、单位的荣誉，一意孤行，采取无政府主义的方式随便怀孕和生育，例如：今年到目前为止计划外怀孕和生育的，有四个人非法怀了第二胎，其中有两人已生育。非法怀了第一胎的已有五人，其中一人已生育。还有的人先怀孕，后申请指标。这样就造成了虽然给了下一年指标但提前到 81 年生育，形成 81 年的无计划生育者。还有一些单位把不计划生育的评为先进。这样就对今后计划生育工作不利，违背了上级要求。为了严明纪律，现做出如下规定：

（1）非法生了第一胎和第二胎的，仍按照厂（计育）字81年1号文件执行给以必要的处罚，对现在非法怀了第一胎及第二胎的，各单位都要积极做工作。当事人应坚决响应国家的号召，终止妊娠，为四化多作贡献。

（2）对已给了指标的人，但由于本人在批准前怀了孕，或提前生育者，由生育之日起，到给指标之日止，仍然按不计划生育进行处罚。（例如某一孕妇给了八二年生育指标，但在八一年 X 月提前生育了，由八一年 X 月—八二年一月一日之间生二胎者仍扣除产假期间的 100%工资，而后接着扣男女双方工资的 10%，以及（包括第一胎者）因孕看病，接生费用自理等，直至八二年一月一日方可免除处罚）。

（3）对领过独生子女证的父母，因不计划生育非法怀了第二胎者，从怀胎之日起停发独生子女保健费，经过动员终止妊娠者再补发独生子女保健费。如经过动员不改，坚持生了第二胎者除按厂（计育）81 年 1 号文件执行外，应立即停止独生子女各种待遇。并追回独生子女证和已发过的全部独生子女保健费，取消一切有关待遇（包括住房）。

因第一个孩子是病残而准予生第二胎者，从准生第二胎之日起追回独生子女证，停发独生子女保健费和一切有关独生子女待遇，但不追回已发的独生子女保健费和有关待遇。

国营五四三九厂计划生育委员会

一九八一年七月五日[80]

有读者可能对文中"非法怀孕""非法生育"的提法不好理解。那时把国家计划当作法律，不按照计划怀孕和生育，就是非法。另外，我们已经看到，虽说是"一胎化"的政策，但如果没有分配到

80　梁中堂室藏人口与计划生育研究资料，1981070500，《关于计划生育委员会扩大会议讨论八二年生育指标情况和有关规定的通知》。

生育指标，即使是怀第一胎、生第一胎，也属于"非法怀孕"和"非法生育"，都是不被许可的。

我们再选择一个农村公社所发布的两份公告，看当年的农村是如何做计划生育工作的。

其一。

大新公社革委会关于对大队计划生育的奖罚条件

1．四月二十日前应上环人数全部上完的，奖现金 100 元，完成不足 80%的罚现金 100 元，

2．四月二十日前应结扎人数结扎 80%的奖现金 200 元，完成 90%的奖现金 300 元，完成 100%的奖现金 400 元，完成不足 60%的罚现金 200 元。（药堵的必须上环，不上环的不算结扎数）。

3．四月二十日前计划外怀孕的人数，引、流产完成 70%的奖现金 300 元，完成 80%奖现金 400 元，完成 90%的奖现金 500 元，完成 100%奖现金 600 元，不足 50%的罚现金 400 元。

大新公社革委会
一九八一年四月十六日

其二。

大新公社革委会关于对计划生育工作的补充规定

在党中央终生只要一个孩子的伟大号召指引下，为坚决完成党交给我们的任务，经公社党委研究，对计划生育工作再作如下补充规定。

一、从八一年起，出生任务只能安排一胎，（符合三个条件的除外）不准安排二胎，对已安排二胎的收回准生证，一律无效。

二、从八一年四月二十日起，对计划外出生的实行征收费的办法，一胎的一次征收 200 元（以后不再征收），二胎的征收 400 元，

三胎的征收 600 元，以此类加、跑到外边出生的，从重征收，以后每年征收 200 元到 14 周岁。

三、计划生育人人有责，不准任何单位或个人，以任何借口窝藏有计划生育任务的人，如有窝藏者，罚款 200 元。

四、征收费提留办法。四月二十日前超生的，每超生一个公社从罚款中提取 100 元，四月二十日后超生的每超生一个公社从证收费提取 200 元，提取金额公社用于计划生育的奖金。

以上逐条，望坚决贯彻执行。

大新公社革委会
一九八一年四月十六日[81]

经引者检索发现，当年至少有宁夏自治区银川市、安徽省五河县、江苏省宿迁县等 3 个地区都有大新公社。仅依据上述两份资料无法判断它属于哪个省区，甚至都无法排除除了上述 3 个省区以外，也许还有别的省、市、区也还有大新公社。不过，上个世纪 80 年代，乡镇干部常用一句话概括他们的工作，即"刮宫流产，催粮要款"。所以，在计划生育时代，所有的中国农村大约都是像"大新公社"那样做计划生育工作的。

由于"一胎化"生育政策简单，便于操作，所以，管制国民生育行为的计划生育制度在极短的时期内就得以建立和形成。1981 年 3 月 6 日，五届全国人大常委会第 17 次会议通过决议撤销具有临时工作机构性质的国务院计划生育领导小组及其办公室，决定设置国家计划生育委员会作为国务院的管理计划生育工作的领导机关。[82]

1972 年 7 月 24 日，毛泽东对周恩来等人谈话说："关于避孕，我看要送上门去，避孕药物、器械这些东西，免费，挨家送，因为人

81　梁中堂室藏人口与计划生育研究资料，1981041600，《大新公社革委会关于对大队计划生育的奖罚条件 大新公社革委会关于对计划生育工作的补充规定》。

82　人民日报，1981 年 3 月 7 日，第 1 版。

家不好意思来领嘛。"[83] 1973 年 7 月成立的国务院计划生育领导小组及其办公室，本就是为了落实毛泽东的 "7.24" 指示，为居民节育生活的需要，免费发放避孕药物和器械等服务而设立的。[84] 对比 1981 年 3 月 6 日经全国人大常委会通过决议设置的国家计划生育委员会的主要任务是统一管理全国的计划生育工作，贯彻执行国家关于计划生育的方针、政策和法律、法令；编制国家人口发展的长远规划和年度计划，并负责督促检查落实；组织和协调有关部门搞好宣传教育、培训干部、落实绝育措施、科学研究和药具生产供应；承办有关计划生育的外事工作。[85] 1973 年设置的国务院计划生育领导小组及其办公室的 "秘书" 工作性质到 1981 年设置的国家计划生育委员会

83　中共中央文献研究室编《毛泽东年谱》第六卷，中央文献出版社，2013 年，第 442 页。

84　1973 年 7 月 16 日国务院下发的 88 号文件《关于成立国务院计划生育领导小组的通知》说，国务院计划生育领导小组办公室的职能是秘书工作，制定人口规划，制定计划生育药具生产计划以及计划生育科研规划，开展节育技术指导，普及节育科学知识和人口理论等工作。《中国计划生育全书》，第 437 页。

85　《中国计划生育全书》，第 42-43 页。2 年后，1983 年 3 月，国务院办公厅下发的《国家计划生育委员会的主要任务和职责》通知又对国家计划生育委员会的工作职能作了更为详尽的规定，该通知说："国家计划生育委员会(简称国家计生委)的主要任务是：根据党和国家的路线、方针、政策、法令，管理全国计划生育工作，实现我国各个时期的人口发展规划，使之与经济和社会发展相适应。国家计生委的主要职责是：

一、研究拟定有关计划生育工作的方针、政策和规章，并组织实施。

二、协同国家计委编制国家人口发展的长远规划、中期计划和年度计划，组织进行统计工作，制定具体的实施办法，负责督促、检查、落实。

三、调查研究全国计划生育情况，总结推广经验，检查、指导各地的计划生育工作。及时向党中央、国务院反映情况，提出建议。

四、在党的宣传部门的领导下，组织、协调各方面力量，作好计划生育的宣传教育工作。

五、协同有关部门搞好全国计划生育科研、技术指导和避孕药具的生产、供应、分配等工作。

六、检查、指导全国计划生育经费的财务管理，安排直供单位的基建投资。

七、协同有关部门研究制定计划生育的机构设置、人员职称、工资标准等，发展和巩固计划生育的专业队伍，提高其业务能力和政策水平。

八、开展计划生育和有关人口方面的外事工作。"梁中堂室藏人口与计划生育研究资料，198303000。

的主要任务"是统一管理全国的计划生育工作"，是服务性质到管理职能的转变，它标志着新中国的生育制度由传统的自由生育向计划生育制度的转变已经完成，一个管制国民生育行为的计划生育制度得以确立。

第六节

"一胎化" 得以发生的历史背景与社会基础

全世界有超过 200 个享有主权的民族国家和其他种类型的社会共同体，但是，能够发生"一胎化"政策和管制国民生育制度的国家，却只有一个新中国。所以，在叙述过"一胎化"是如何产生的以后，还需要研究这一反常现象为什么只可能在新中国发生？惟其如此，才算真正理解了"一胎化"及其管制国民生育行为的计划生育制度。

我们已经证明，"一胎化"生育政策是由主管计划生育工作的中国共产党中央政治局候补委员、国务院副总理陈慕华在 1979 年 6 月提出来的。但是，因为 1982 年十二大确定这一刚刚形成的计划生育制度是基本国策，它在全国实际推行了将近 40 年，所以必须将其视之为是得到了毛泽东去世以后的中国共产党中央确认的大政策。40 多年以后，它对中华民族危害的严重后果已显著暴露。据国家统计局的统计，2015 年中央实行"普遍二胎"以前的 30 多年里，中国每年出生人口大都保持在 2000 万左右。自后，出生人口出现断崖式下跌。2022 年，中国出生人口下跌至 956 万，并首次出现负增长。2023 年，中国出生人口为 902 万人，死亡 1110 万人，减少了 208 万人，人口自然增长率为-1.48‰。自 500 年前西方人发现世界以来，中国一直都是世界第一人口大国，但是，按照联合国的测算，2023 年中国已经把世界第一人口大国的桂冠转交给印度了。

自从上个世纪 70 年代末开始，国人接受了由西方科学界精英组合的罗马俱乐部制造出来的以降低发展中国家人口增长为目的的思想意识形态以后，以为发展中国家的人口增长造成了世界性的资源与环境危机，相信人口多会拖累经济的发展。所以，中国主流的思想意识形态，都是把 40 多年来的社会进步的原因归结为改革开放和实行了计划生育，压根都没有意识到人口减少其实是拖累经济的。——从上个世纪 90 年代中后期以来，中国经济持续呈现消费不振和经济萎缩，GDP 增长从 80 年代的年平均 10%以上快速下降到 5%以下，包括所谓优秀的经济学家在内却从都不从人口方面寻找原因。检点人口出生的变化，90 年代以来，每年出生人口由 2000 多万（最高的年份达到 2600 万至 2700 多万）持续下跌到现在的 900 万左右。即使是一位不懂经济的人，如果愿意思考，都不难设想出持续 20 多年里每年都要减少几百万甚至上千万人口的市场消费如何能不给国民经济造成持续的颓废和萎缩？在这样的经济大势下，又有什么样的经济政策能够刺激让它发生逆转？所以，40 多年来的中国历史事实是，改革开放的大势促进经济增长，而计划生育则抑制了经济增长。自古以来，人们都知道"人多力量大"的道理，就连原始时代的部族首领也都是把人丁兴旺当作部族福祉予以追求的。可是，毛泽东去世以后，中国共产党的新一代领导人却长期把中国人口众多当作负担，相信中国人口少了才更强大，从而是把一种旨在尽快减少中华民族人口为目的的计划生育制度奉为基本国策，这不能不说都与新中国的基本制度相关。

在历史学和政治学研究上，海内外不少的人都把毛泽东领导的中国共产党所建立的新中国当作一个偶然，连那些严肃的学者在内都不肯理性地予以研究。

世界近代史是从 15 世纪末至 16 世纪初开启的。之所以如此，是因为在此以前，西欧边陲的几个小的民族国家荷兰、西班牙、葡萄牙、英国和法国，在其传统的经济体内萌芽而自然形成了一种商品生产制度，它标志着人类开始从传统的自然经济向以劳动价值为媒介的商品生产方式的转变。资本主义在中国有着极不好的名声，但在马克思的理论大厦里，尤其是在《资本论》里，它就是商品生产方式的同义语，——现代人又称其为市场经济，即给市场提供商品、为卖而买的一种生产制度。这是一种比世界任何地方自然产生的传统经济制度都无比优越的一种新的生产方式，以致无论哪个民族，只要一接触到它，就都有了学习和实行的冲动。所以，改变落后面貌，实行资本主义，就成了现时代几乎所有落后民族的憧憬和追求。

明清时代的中国因为大一统和自我封闭，不了解、不知道西方已经有了先进的生产方式。从 1840 年的鸦片战争开始，西方列强用舰船火炮打开了中国的国门，国人才看到了外部世界，这才有了晚清以后自觉学习西方的历史。按照列宁的观点，任何一个民族要发展资本主义商品经济，都需要有一个基本的社会条件，那就是先要有政治上统一的民族国家，然后才有发展资本主义所需要的统一市场。[86] 遗憾的是，以慈禧太后为核心的晚清政府是一个落伍和落后，腐败和腐朽的中央政府，担当不起领导中华民族走向现代的重任。辛亥革命以后的民国时代，中国陷于四分五裂，加上包括日本、俄国（苏联）在内的西方列强都要在中国寻找代理人，则进一步加剧了军阀割据、战争频仍与长期分裂的状态，以致无论是北洋政府还是孙中山和蒋介石，都没有能力统一中国。毛泽东所领导的中国共产党，是在抗日战争中成长壮大起来的。中国共产党之所以能在抗战中迅速壮大，是因为中国是一个农业大国，占据全国人口 90%以上的农民是中国社会的主体，谁拥有了农民，谁就有了力量。毛泽东领导的中国共产党就是通过动员、发动、组织和武装农民，依靠农民武装夺取政权的。

中国农业是自然形成的农民个体经济，彼此隔绝，封闭、落后、保守，一盘散沙，所以，组织、发动和依靠农民，谈何容易？毛泽东曾对日本人说，是日本的侵略唤醒了中国人民，帮助中国革命取得了成功。[87] 这话招致了许多人的批评，但它确实是中国近代历史的真

86　列宁："在全世界上，资本主义彻底战胜封建主义的时代，是同民主运动联系在一起的。这种运动的经济基础就是：为了使商品生产获得完全胜利，资产阶级必须夺得国内市场……"。列宁《论民族自决权》，《列宁选集》第 2 卷，人民出版社，1972 年，第 508-509 页。

87　毛泽东："日本的南乡三郎见我时，一见面就说：日本侵略了中国，对不住你们。我对他说：我们不这样看，是日本军阀占领了大半个中国，因此教育了中国人民，不然中国人民不会觉悟，不会团结，那么我们到现在也还在

谛。中国共产党能把 4 亿多个体农民动员和组织起来，首先是因为中国遭遇到了日本帝国主义的侵略。农民不能没有土地。1931 年"九一八"事变后日本全面占领东北，1937 年"七七"事变标志着日本帝国主义全面侵华，这都加重了农民失去土地与家园的危机与焦虑，所以有着组织和武装起来反抗侵略，保家卫国的强烈愿望。

其次是因为中国共产党拥有一个被称之为马克思列宁主义的思想意识形态，——分散的个体农民属于自然经济，靠天吃饭，未来没有保障，自然就都有着强烈的信仰需求。列宁所塑造的马克思主义即列宁斯大林的社会主义理论是一种未曾经历过资本主义生产的农民的理想的思想体系，它完美地满足了农民的信仰和憧憬，利用它可以把分散的农民动员、发动和组织起来。笔者之所以做这样的表述，是因为只有没有经历过资本主义的人才可以没有约束地设想自己所想要的未来社会，既要现代资本主义的一切符合自己愿望的好的方面，又可以设想不要自己所不想要的所谓坏的东西，从而完美地构建起一个理想的未来社会，它足以打动同样没有经历过资本主义社会的农民共同去努力和追求。这是马克思列宁主义和各种社会主义能够在俄国和中国以及广大的亚非拉落后地区轰轰烈烈地开展起来，而在欧洲和北美却总难掀起波澜的主要原因。

三是中国共产党依靠革命知识分子，尤其是抗战期间通过几十万数百万有着强烈革命愿望的知识青年，去发动和组织农民。中国共产党说自己是无产阶级的先锋队，但是，在一个压根就没有现代工业基础的国度里，哪来的无产阶级？中国共产党不过是一个接受了新思想的革命知识分子队伍，一批从农民家庭里走出来的职业革命家，"农二代"。毛泽东所领导的中国共产党是通过武装力量把这些接

山上，不能到北京来看京戏。就是因为日本'皇军'占领了大半个中国，中国人民别无出路，才觉悟起来，才武装起来进行斗争，建立了许多抗日根据地，为解放战争的胜利创造了条件。所以日本的军阀、垄断资本干了件好事，如果要'感谢'的话，我宁愿'感谢'日本军阀。"《毛泽东外交文选》，中央文献出版社，世界知识出版社，1994 年，第 460-461 页。

受过训练和培训的革命知识青年送到农村，再经过他们做艰苦细致的组织和发动工作，把占据全国人口绝大多数的分散的农民组织和武装起来，自然就成了最有力量的革命党。日本投降以后，蒋介石所领导的国民政府不给包括共产党在内的各种政党合法地位，用武装力量绞杀中国共产党及其所领导的解放区而最终导致了中国共产党用武装夺取了政权。

毛泽东是依靠庞大的中国共产党政党组织和占据人口绝大多数的农民武装夺得政权的，中国共产党及其武装力量都是由农民组成的，所以，这个由它控制的政权首先体现了农民人口的意志，其显著的特征就是高度集权。反对中国新政权的人往往将其称之为专制制度，有一定道理，但不很确切。不错，这一政权具有专制的性质，但它又不是资本主义前的封建王朝专制，它通过庞大的政党组织实施统治，处处以人民的名义出现并且总能表现出人民性。——中国共产党实行"个人服从组织，下级服从上级，全党服从中央"的组织纪律，以致任何情况下的中央政策与号令都表现出群众性的特征。再加上中国共产党的运作模式是通过党组织动员和发动群众，仅只是党员和积极分子坚决执行党的决议就足以表现出相关政策的群众性和人民性。所以，即使说中国共产党所领导的国家制度是一种专制，但它也不同于以往了。

列宁把这一政权形式称为无产阶级专政，但是，在一个还未能完全走出农奴制的农业大国里，明明是被世界大战动员出来而离开了土地的农民和农奴在闹革命，怎么就成了无产阶级革命和无产阶级专政了？[88] 列宁的无产阶级专政的实质是掌握了政权的那个集团要

88　1917 年十月革命爆发时，距离沙皇主动改革也只有半个世纪的样子，应该说沙皇政府的农奴制改革尚未完成。所以，沙皇俄国虽然有一些现代工业（主要是西欧国家所需要的冶金之类的资源型产业），但社会总体上还远未达到资本主义生产的阶段，也没有一个工人阶级。晚年的列宁也意识到了这是一个问题。所以，在最后一次参加的苏联共产党的代表大会上，列宁发表了一大段意味深长的讲话，说俄国没有马克思说的工厂无产阶级，马克思的论述是针对 15 世纪以来的整个资本主义，并不包括俄国。《列宁全

把自己宣布为根本就不存在的而又足以代表最先进生产力的无产阶级，其目的是要标榜说自己天然地具有领导和统治的品质，从而天然地就是国家的统治者。

虽说列宁关于布尔什维克与苏联共产党的无产阶级革命和无产阶级专政的性质具有虚幻性，但它却是符合时代的需要而满足了离开土地的农民的憧憬，所以能把没有经济基础和社会关系的流动人口重新组织起来实现了新秩序。就这个意义来说，卢森堡批评列宁和托洛茨基的无产阶级专政"是一小撮政治家的专政"，是不符合事实，不客观的。[89] ——沙皇出于积极参与第一次世界大战的需要把上千万的农民从农村召唤到西部战场，召唤到为前线服务的城市，3 年以后，战争打不下去了，沙皇退位了，旧秩序维持不下去了。俄国大乱了。列宁的"一切政权归苏维埃"口号和构建的以社会主义和无产阶级专政为中心的马克思主义思想意识形态深深地打动了农民，从而能依靠它重新组织农民，整合了社会，实现了秩序。所以，列宁的革命是动员、发动和拥有绝大多数人口的农民参与的绝大多数人的革命，是有人民性的。西方社会通常都是以简单的方式否定列宁的革命，但是，如果把法国大革命中的雅各宾派专政、列宁的十月革命，以及毛泽东的中国革命串起来解读，那就不能不说这一类多数人碾压少数人的暴力，本就是人类由自然经济向商品经济转变过程中，法国、俄国和中国这一类落后的农业大国中必然要发生的社会革命和

集》中文第二版第 43 卷，人民出版社，第 103-104 页。

89 罗莎·卢森堡当年就批评说："列宁和托洛茨基用苏维埃代替了根据普选产生的代议机构，认为苏维埃是劳动群众唯一真正的代表。但是随着政治生活在全国受到压制，苏维埃的生活也一定会日益陷于瘫痪。没有普选，没有不受限制的出版和集会自由，没有自由的意见交锋，任何公共机构的生命就要逐渐灭绝，就成为没有灵魂的生活，只有官僚仍是其中唯一的活动因素。公共生活逐渐消亡，几十个具有无穷无尽的精力和无边无际的理想主义的党的领导人指挥着和统治着，在他们中间实际上是十几个杰出人物在领导，还有一批工人的精华不时被召集来开会，聆听领袖的演说并为之鼓掌，一致同意提出来的决议，由此可见，这根本是一种派系统治——这固然是一种专政，但不是无产阶级专政，而是一小撮政治家的专政……"李宗禹编《卢森堡文选》，人民出版社，2012 年，第 403 页。

民族运动。

所以，尽管列宁的无产阶级革命和无产阶级专政是一个虚构，但是，他关于一个民族要发展资本主义首先必须经过民族运动才能形成现代民族国家的思想，却是相当深刻的，符合马克思和恩格斯的资本主义现时代的理论的。[90] 所谓现代民族国家，通常都具备 3 方面的特征，一是所有国民都属于同一个民族，二是统一的政治制度，三是"建筑在资本主义多少已经发展的现代资产阶级社会基础上"[91]。没有民族的同一性，没有相同的经济与文化认同，就无法实现国家的统一，也谈不上资本主义的发展。没有国家的统一，就没有统一的市场，也谈不上发展。而在现时代的国际大环境里，每一个国家的发展都是指资本主义商品生产方式的发展，它既是民族国家发展的目标和动力，又是民族国家所有人的理想和憧憬，从而是团结人民实现国家统一的基础。

在现时代里，国家之间所不同的仅只在于形成民族国家的方式不同而已，——在资本主义滥觞与发源的西欧各民族国家里，以上 3 个特征或社会基本因素都是在其传统社会的内部自然发生的，所以西方称其为自由资本主义。但在包括沙皇俄国在内的其他落后国家里，资本主义是从外部引进和移植过来的，所以倒了过来，是先形成统一的政治制度，然后才有统一的市场和资本主义的发展。因为落后国家是在没有资本主义经济基础的条件下建立起为资本主义发展的政治保障，其道路与方式必然是革命的和暴力的。

尽管我们说列宁的十月革命是符合历史逻辑的，是合理的，但是，70 多年后，由苏联共产党领导的所谓苏联社会主义制度还是随

90　恩格斯："西班牙、法国、英国在十五世纪末都已结合为形成了的民族国家。这种统一对于十五世纪说来具有世界历史意义。"《马克思恩格斯全集》第 18 卷，人民出版社，1964 年，第 647 页。列宁说："民族国家对于整个西欧，甚至对于整个文明世界，都是资本主义时期典型的正常的国家形式。"《列宁选集》第二卷，第 509 页。

91　马克思《哥达纲领批判》，《马克思恩格斯选集》第三卷，人民出版社，1973 年，第 20 页。

着大俄罗斯民族的分裂而被各民族抛弃了。之所以如此，最根本性的原因还是由于苏联共产党所领导的国家政权是违背现代民族国家的一个基本准则，那就是民族同质性原则的。民族国家由同一个民族的人所构成，它们是同质的，不承认某一个人、某一批人或者某个集团就比本民族的其他人更优质，而列宁的无产阶级专政国家是苏联共产党对国家政权的垄断，是一个集团对全民族的统治，是一小部分人对其他绝大部分人的统治。虽然在国家事务的任何一方面或者任何一项工作中都可以表现出是绝大多数人对少数人的统治，但是，现代国家的民主制度的核心问题不是体现为大多数而是对少数人、个别人，甚至是对某一个人的基本权利的保障与保护。苏联共产党对国家政权的垄断无疑是少数人对多数人的统治，对全民族的统治。所以，它不符合列宁自己所论述的民族国家的基本准则。

但是，不符合客观原理的事物不仅客观地发生了，而且还存在了一个很长的历史时期。笔者说的很长的历史，是说它事实上要比前苏联的历史要长得多。苏联时期，西方社会普遍指责苏联共产党不给人民普选权。苏联解体以后，叶利钦按照西方民主模式重新设置了国家制度，总统和议会都经过人民普选产生。俄罗斯人拥有普选权了。但是，俄罗斯联邦的大多数人民却长久地把选票投给了一个人、一个党，——继苏联时代斯大林及其共产党专政以后，俄罗斯人民又用选票塑造了一个远比列宁和斯大林更具强权政治形象的极权人物弗拉基米尔·普京及其所领导的政党，让普京及其所领导的统一俄罗斯党长期统治俄罗斯。

所以，苏联解体以后，俄罗斯民族只不过换了一种方式。过去是一个人、一个党长期持续地垄断国家政权，现在则是分阶段地由人民投票继续让一个人、一个党分阶段地垄断国家政权。更有甚者，只要人们不是有意闭上眼睛或者视而不见的话，都不难看到在垄断国家政权这一点上，现时代的俄罗斯和苏联时期相比较，普京及其簇拥着普京大帝这一铁腕人物的统一俄罗斯党，其执政理念和政策比列宁斯大林及其苏联共产党的时代距离沙皇彼得大帝的大俄罗斯民族主义还要近得多。因为列宁信奉马克思的民族自决原理从而在设计苏维埃社会主义联盟共和国时不仅名称里没有俄罗斯，甚至宪法里还允许参加联盟的各加盟共和国民族随时有权退出这个大俄罗斯联盟，从而是以超越俄罗斯的国家和民族的国际共产主义形象出现的，而普京大帝所领导的统一俄罗斯党从侵略乌克兰开始，已经赤裸裸地声张其是在为恢复彼得大帝的大俄罗斯而奋斗了。所以，把列宁斯大林的社会主义革命及其无产阶级专政回归到俄罗斯的历史轨道中，就不难理解其运动的实质与普京同样都只是俄罗斯的民族运动。

中国共产党的早期运动之所以具有列宁斯大林的颜色，是因为旧中国与沙皇俄国有着一些相同和相近的国情，都属于内陆型的农业大国，农民占据社会的绝大多数。中国共产党是仿照苏联共产党的原则建立起来的革命党，通过武装夺得国家政权。按照邓小平的说法，新中国的国家体制，包括政府机构的体制，都是从苏联照搬过来的。[92] 这样的体制深受海内外许多人的诟病，但是从恩格斯所论述的"每个民族都必须获得独立，在自己家里当家做主"，[93] 以及列宁关于民族国家的统一是资本主义发展的先决条件的理论来认识，它却是再自然与合理不过的事情了。

我们且先看基本的历史事实：由毛泽东及其中国共产党建立的新中国结束了自晚清时代开始的 100 多年来的战乱，实现了国家的统一。从此以后，中国人民可以过上稳定和安宁的日子了。读者莫要小看和忽视笔者所说的"人民可以过上稳定和安宁的日子"，这其实是一个人生和一个民族国家存在的最基本的要求。读者每天都可以看到乌克兰民族所遭受的痛苦。乌克兰与身处欧洲东部的俄罗斯民族一起是从二战的火炮下获得和平的，它本来是有把普京推到俄罗斯大帝位置上的叶利钦签署的与俄罗斯联邦同等地位的主权国家

92　中共中央文献研究室编《邓小平年谱（一九七五-一九九七）》（上），中央文献出版社，2004 年，第 376 页。

93　恩格斯《暴力在历史中的作用》，《马克思恩格斯全集》第 21 卷，人民出版社，1965 年，第 463 页。

的国际协议的。可是，普京大帝的一个命令，俄罗斯的坦克就开进乌克兰了，乌克兰靠近俄罗斯联邦的大片土地就成建制地被并入到俄罗斯联邦了。笔者在写这段文字的时候，又特意集中时间观看了大量二战时期的录像资料。最近一次大量阅读二战时期的历史资料，是在7、8年前研究日本和美国问题，围绕阿诺德·汤因比的10卷本《第二次世界大战全史》，读了不少历史文献。这次观看录像资料，不是好莱坞的文艺片，而是二战时期的录像资料。看着乌克兰的现实，回顾7、80年前的二战期间德、意、日法西斯肆意侵略落后民族，战火吞噬欧洲大陆和中国土地，人民颠沛流离，不由得感受不到现在的和平生活来之不易。也许有读者不以为然，但中国人拥有这一点，确实是得之于毛泽东及其中国共产党统一了新中国。要知道那时的中华民族属于世界上最贫穷落后的民族，比乌克兰落后多了，甚至也不比中东地区更先进。这些地方不是现在仍然战火弥漫，民不聊生吗？想当年，日本人侵略中国，不也是随意找个借口，军队就开进来啦？新中国以后，中华民族结束了那样的历史，人民可以过上安稳的日子，究其根本，没有毛泽东及其中国共产党就没有新中国，一点都不错。

因为西方人发现中国的时候，它就是一个具有高度文明的共同体，所以，自3、400年前的明清时代开始，西方列强都是把中国当作一个民族国家交往的。但是，数百年来，只有中国共产党领导下的新中国才真正拥有了主权，——自从毛泽东把蒋介石赶到台湾以后，海内外就流传着一个很有影响的观点，说蒋介石是中华民族的领袖，蒋介石及其所领导的国民政府在抗战中已经是一个强大的民族国家，是领导二战的四大国之一，所以把民国时代当作是一个享有主权的现代国家。

其实，这都是一些有着严重虚荣心的华人自编自唱自我陶醉的段子，经不起起码的历史事实的推敲。首先，决定二战和战后人类命运的德黑兰会议、雅尔塔会议和波茨坦会议，都是美、英、俄三巨头的聚会，没有蒋介石什么事。其次，与中国是二战中世界领袖的观点相反，二战即将结束而决定中国命运的重要国际公约，即把原来日本在中国的部分利益和特权转交给苏联，把中国的外蒙和库页岛分割出去，以及把中国东北主权事务由日本转交给苏联的《雅尔塔协定》，是在罗斯福和斯大林之间秘密磋商，然后以美、英、苏三国元首同意而成为国际公约的。[94] 这些有关中国主权的国际协定都是在没有中国政府参与的情况下产生的，有关中国的命运是由中国以外的国家元首决定的。第三，更具有讽刺意味的是，这个严重侵犯中国主权的国际协议产生 4 个月以后才通知给中国政府，而蒋介石不仅同意，甚至还通过美国特使赫尔利向美国总统杜鲁门建议，要求执行决定中国命运的《雅尔塔协定》要由美、英、苏、中"四国而不是单独由中苏两国来讨论"。[95] 第四，更有甚者，蒋介石同意外蒙在苏联红军监督下投票表决独立，同意苏联在东北驻军，以及把大连和旅顺设为国际港和苏联海军军港的《中苏友好同盟条约》，是在中华民国行政院院长宋子文和斯大林共同见证下由中苏两国外交部长签署的。

以上事实充分说明，所谓蒋介石及其国民政府时代的中国是一个享有主权的现代民族国家的观点，纯粹是一个虚构和虚幻。因为蒋介石的国民政府软弱承担不起中国主权，外国军队才随意就开进来了。蒋介石的国民政府保护不了老百姓，中华民族才有了抗战前后许多年的背乡离井的流离生活。

中国人民是从 1949 年中华人民共和国成立以后开始过上太平日子的。这是基本的历史事实。进一步说，只有新中国才实现了国家主权，——从此以后中国的事情由中国人自己做决定了，中国大陆的国土上再也没有驻扎外国军队和外国士兵了，没有租借地和租界了，没有治外法权了。中国可以保全自己的领土了，再也没有发生过割让领土的事件了，等等，等等。由于国家的统一，这才有了巨大发展。改革开放以前，包括执政的中国共产党在内，常常抱怨经济发展缓慢，

94　舍伍德《罗斯福与霍布金斯——二次大战时期白宫实录》下册"雅尔塔会议"，商务印书馆，1980 年。阿诺德·汤因比主编《第二次世界大战全史——1942-1946 年的远东》，上海译文出版社，2015 年。

95　姜长彬《中俄国界东段的演变》，中央文献出版社，2007 年，第 257 页。

人民没有及时改善和提高生活。这都是事实。但是，如果纵向比较，即使说新中国最初的 30 多年发展缓慢，那也是以前历史上从未有过的大发展、大变化。至于改革开放以来的中国变化，现在所达到的世界瞩目的程度，首先也必须归结到毛泽东领导的中国共产党完成了国家的统一，没有列宁所总结的政治上统一的民族国家即中国共产党领导下的中华人民共和国，就没有现代中国的一切。

所以，首先必须确定，新中国的国家制度是符合历史发展的，是历史的必然。惟其如此，毛泽东在新中国建立之初提出的争取工业、农业、国防和科学技术现代化，能够长久地深入人心而成为中国人向往和追求的目标和口号。而大多数中国人都未曾深刻追究，所谓"现代化"，其实就是 500 年以来资本主义生产方式所创造的新世界，毛泽东提出的四个现代化，其根源就是学习西方商品经济，这是毛泽东及其中国共产党建立的新中国的合理、合法性与历史必然性的客观依据。

但是，作为一个落后国家经过革命风暴和民族运动的形式形成现代民族国家后，仅仅提出发展经济的目标还是很不够的。因为任何一位读者都不难设想，如果慈禧太后能像当年的日本天皇那样具有世界眼光，也是会提出四个现代化目标的。如果看历史，西方先进国家的早期发展，几乎都是在王权统治下取得的。这也是西欧和北欧各个王国的王室至今犹存的重要原因。日本战败以后，麦克阿瑟宪法剥夺了日本天皇的实际执政权。不过，读者莫要忘记，从明治维新到战败，日本一直都是在天皇的领导下取得极大发展，迅速成为亚洲最强盛国家，以致连列宁都称其是亚洲唯一的一个资产阶级化了的民族国家。[96]

我们自己的历史何尝不是如此，即使说民国时代的旧中国是军

96　列宁："……在亚洲只有日本，也就是说，只有这个独立的民族国家才造成了能够够充分发展商品生产，能够最自由、广泛、迅速地发展资本主义的条件。这个国家是资产阶级国家，因此它自己已在压迫其他民族和奴役殖民地了……"。《列宁选集》第二卷，第 511 页。

阀割据，但各个地方的枭雄，包括东北的张作霖，山西的阎锡山，云南的龙云，广西的李宗仁，新疆的盛世才，等等，等等，也都分别引进过西方技术，用心发展了地方经济的。所以，作为一个民族国家的执政者，毛泽东及其所领导的中国共产党仅仅提出并且制订出发展经济的目标，在经济与科学技术的层面上提出现代化，即使说很重要，却还是不够的。何况当年人民拥戴毛泽东及其共产党与蒋介石的国民政府打仗的目的，本就是要建设一个人人平等的、自由和民主的新中国。但列宁关于苏联共产党是无产阶级先锋队组织及其无产阶级专政的理论和学说，却都是不符合现代民族国家基本原理的虚假的思想意识形态。如果执政者以此为据而有意把其执政长期维持下去，没有自觉制订相应的政策和政治路线自觉引导执政党推动国家民主化，不仅自然失去了执政的合理与合法性的政治基础，而且还会为民族发展带来重大的损失和损害。

中国共产党是一个由革命起步而长久占据统治地位的执政者，它是以马克思的唯物历史观为其指导思想的，本就该具有革命者的眼光和富有自我革命的精神。新中国是在一个落后的农业国度上建立起来的，尽管它的诞生是符合历史潮流的，但是，因为促成其产生的经济基础既然不是现代的，建立在这一基础之上的国家政治制度，以及与之相关的思想意识形态自然也不是现代的，所以就都只能是具有暂时的合理与合法性。这本该是任何一个接受了马克思主义关于生产力决定生产关系，经济基础决定上层建筑的唯物历史观的人，都能自行推导出来的结论。所以，作为激励全国全民族奋斗的现代化的目标里本就应该有包括国家政治制度也随着工农业生产力的现代化而逐步现代化的目标，尤其是有一个对执政党而确定的随着国家的经济发展自觉调整国家政治制度中不适应经济发展部分的革命目标，从民族国家理念自然引申出必须引导人民广泛参与国家事务，保护并不断扩大国民参与国家管理的政治治理的政治目标。所以，只有人民广泛参与国家管理了，才算实现了人民主权。

我们前面说过，新中国保障了国家主权，它表现在中国的事情由中国人自己决定了。与历史上涉及中国主权的重大问题譬如一战结束后，作为战胜国的中国却不能把战败国德国侵略中国所获得的特权作废而收还国家主权，而是由欧美国家和日本决定把德国在中国的势力范围和利益等特权转交给日本。二战结束后，作为战胜国的中国不仅不能全部收回遭受日本侵略而丧失的主权，甚至在同盟国美、英、苏的主持下把大片的国土分割出去，把日本在东北的特权转交给了苏联。与历史上这些不堪回首的时代比较而言，中国的事情概由中国人自己决定了，这当然是巨大的进步。但是，仅仅这些还是不够的。因为作为一个现代民族国家，还有一个国家主权究竟是由全民族，即由人民主权，还是由民族中的大多数，抑或是少部分人，甚至是个别人、一个人决定的差别。从一个人和个别人决定国家大事，到人民主权，还有一个很长的历史过程。西方民主国家由王权到人民主权已经有了数百年的历史，虽说也远未实现人民主权，但是，至少那里的人民可以用民主和人权的理念争取和捍卫个人的权利，用法律捍卫个人利益了，而民主和人权在现阶段的中国却都还都是一个非常敏感的词语，充分说明中国在这方面还有相当长的路要走。

和现代生产技术一样，中国人所接受的民主和人权观念，也都是从西方国家引进来的。西方国家把人权当作自然权利，讲天赋人权，是大自然赋予的，自然发生的。对于西方国家，有一定的道理。但是，照搬到落后国家，却有许多问题。首先，它是非历史性的。自由、民主和人权，不是天然具有的，也不是大自然赋予的，而是随着资本主义商品经济的产生与发展逐步成长的社会和历史性的范畴。因为新中国没有经历过商品社会，自然不会拥有它们。但是，随着新中国的经济建设和社会发展，它们一定也要出现。即使毛泽东没有经历过资本主义的熏陶从而对它们认识不足，但作为革命党的领袖本该从马克思主义的现代国家原理出发，把发展和保障每一位国民应有的民主权利，尤其是把人民参与国家治理的政治权利和国家政治制度的现代化也列为奋斗目标，从而制订出实现中国农业、工业、国防、科学技术和国家政治制度民主化等五个现代化目标。遗憾的是，毛泽东不仅没有这样做，反而在斯大林去世后与苏联共产党的论战中，把他在建国前夕总结的人民民主专政归结为列宁的无产阶级专政，[97] 并将其绝对化和无限期地延长了，这不能不说是包括毛泽东在内的老一辈中国共产党人的历史局限。而正是因为毛泽东及其中国共产党的这一历史局限，致使毛泽东去世的时候中国共产党反而把这一历史局限当作其重要遗产予以接受的，——1979 年 3 月，邓小平发表的包括坚持社会主义经济制度和无产阶级专政在内的《坚持四项基本原则》的讲话[98]，表明毛泽东的继承者确实也接受了这份政治遗产。这也是毛泽东去世后不久由其缔造的革命政党违背他的不允许强制人民实行节制生育的原则，很快提出了"一胎化"生育政策的制度基础和社会根源。

笔者说"一胎化"政策是违背毛泽东不许可强制的原则，是因为毛泽东和周恩来确实反复强调在实行节制生育意义上的计划生育时，是不许可强迫命令的。读者已经看到，直到 1973 年和 1974 年，国务院计划生育领导小组组长华国锋仍然否决了国务院计划生育办公室拟订的强制性要求人们实行"晚稀少"的政策草案，并反复强调不许可强制。所以，必须客观地说，毛泽东去世以后所形成的强制性的计划生育制度是违背毛泽东的主观意愿的。[99] 但是，如果从新中国

97　1956 年，毛泽东及其中国共产党针对苏共中央二十大上赫鲁晓夫的反斯大林报告，于 1956 年 4 月 5 日、12 月 29 日，分别发表了《关于无产阶级专政的历史经验》和《再论无产阶级专政的历史经验》两篇文章。从此以后，新中国的政治制度很少说人民民主专政，而改说无产阶级专政了。

98　《邓小平文选》第二卷，人民出版社，1994 年 10 月第二版，第 158-184 页。

99　笔者曾经把自己从事几十年人口与计划生育研究的成果归结为两项发现，一个是发现节制生育是资本主义生产方式发生以后的人类新的生活方式。这是在《关于二十世纪中国大陆人口总量和妇女生育率水平的研究》一文结束语里提出来的，这篇文章最早刊于 2003 年第 5 期《生产力研究》。另一个是发现新中国的计划生育包含两个概念，一个是在工业革命以后才发生的避孕和节育意义上说的，一个是在政府管制居民生育行为意义上说的。后一个观点最早是在《新中国 60 年的计划生育：两种含义和两个 30 年》里提出来的，这篇文章最初发表在 2009 年第 6 期《兰州商学院学报》上。2014 年，前一篇文章作为笔者站在体制内研究计划生育问题的总结，放置在《中国生育政策研究》（山西人民出版社，2014 年）一书的最后。后一篇

的基本制度以及建国后毛泽东执政的 26 年的国家大势来分析，毛泽东去世以后不久，"一胎化"的生育政策与管制国民生育行为的计划生育制度都得以很快产生，又都是符合历史的逻辑，有其必然性的。

实事求是地予以评价，毛泽东比列宁斯大林高明和伟大。后者从 1917 年十月革命到 1924 年苏维埃社会主义联盟共和国的建立，期间经过 7 年才算重新整合了因为一战和沙皇退位而破裂的大俄罗斯。而毛泽东仅仅经过三年的战争就打败了蒋介石的国民政府，统一了自辛亥革命以来一直陷于分裂的旧中国。1949 年 7 月 1 日，新中国即将诞生的时候，毛泽东没有像列宁那样借用虚无缥缈的无产阶级专政来描绘新政权，而是直截了当地告诉人民未来的国家是什么。他说：

> ……团结工人阶级、农民阶级、城市小资产阶级和民族资产阶级，在工人阶级领导之下，结成国内的统一战线，并由此发展到建立工人阶级领导的以工农联盟为基础的人民民主专政的国家……
>
> 人民民主专政的基础是工人阶级、农民阶级和城市小资产阶级的联盟，而主要是工人和农民的联盟，因为这两个阶级占了中国人口的百分之八十到九十。推翻帝国主义和国民党反动派，主要是这两个阶级的力量，由新民主主义到社会主义，主要依靠这两个阶级的联盟。
>
> ……总结我们的经验，集中到一点，就是工人阶级（通过共产党）领导的以工农联盟为基础的人民民主专政。[100]

中国共产党是仿照苏联共产党建立的，毛泽东接受的理论来自于马克思列宁主义，但是，毛泽东却没有把自己即将建立的民族国家过多地与苏联共产党连接，没有把其政权形式首先归结为列宁概括

文章作为跳出体制而具有指导思想意义研究计划生育问题，以"代绪论"的形式放在《中国计划生育史论》（中国发展出版社，2014 年）一书的开篇。

100 毛泽东《论人民民主专政》，《毛泽东选集》第四卷，人民出版社，1960 年，第 1477、1483、1485 页。

的无产阶级专政，而是比列宁斯大林来得更为直接和直白地归结为多数人对少数人的统治和专政。

也许，作为一个从战乱中刚刚获得秩序的国家来说，毛泽东凭借政治家的直觉在实践上实行专制，坚持多数人对少数人的统治，都是正确的。但是，就理性来说，尽管已经不是王权而是政党专制，也是错误的。对于现代民族国家来说，所有的人都是同质的本民族成员，人人都是平等的。所以，即使是多数人碾压少数人，如果在新中国新政权建立的初期说是必要的和正确的，但有意要长久坚持那就是极端错误和极端荒谬的。这是毛泽东时代的毛泽东及其中国共产党不断犯有极左错误的认识论根源，它既是作为伟大政治家的毛泽东至其去世也未曾认识到的大问题，也是至今中国共产党经常犯有极左思想错误的重要原因。

毛泽东去世之后，以邓小平为首的中国共产党人只是把新中国所走的弯路总结到文化大革命，似乎只是文化大革命致使毛泽东走到错误的道路上了。而实际上，这条弯路是从建国之初，从50年代初中期新中国的政权基本巩固以后，由于毛泽东凭借中国共产党所领导的强大的解放军武装力量很快就实现了战争到和平的转变以后，接着就开始转向而走的一条弯路了。

中国是一个经济落后的农业国家，有文化的知识分子是少数，尤其是接受过西方文化教育的知识分子是极少数，劳动人民是绝大多数。让作为少数人的知识分子向占据多数的工农大众学习，即让脑力劳动者向体力劳动者学习，这是毛泽东建国之初发动知识分子改造运动得以顺利开展的原因。

中国是一个小农经济的国度，在绝大多数的农村，优质的上等土地都只占小比例，大多数土地属于中下等，甚至是劣质的。任何一个农村，有着骡马大牲畜等优越生产条件的富裕户都是少数。所以，中国的农业合作化和农村集体化的实质是生产条件差的大多数农民共少数富裕户的产，这是毛泽东能够迅速在农村掀起互助组、初级社和高级合作社的合作化高潮，短短的几年内就完成了农业社会主义改造的真谛。

中国是一个农业国家，城镇个体经济和工商业户，尤其是大的工商资本家，都是极少数。城镇工商业的社会主义改造，其实质是将城镇工商业资本集中和没收到政府的手上，是代表全体中国人民的国家与工商业个体户和民族资本家之间的博弈，是全社会与极少数人的对决，所以当政府稍作表示要把其资产以公私合营的形式收归政府所有的时候，个体工商户和资本家别无选择地就都同意了。这是所谓民族资本家敲锣打鼓地拥护工商业社会主义改造的实质。

当所有农民都没有了属于自己的土地，所有的资本家都没有了资本，城镇个体户也都没有了自己的小资产，一言概括，所有的中国人都没有了私产以后，革命运动自然就转入到包括虚无缥缈的思想意识形态在内的上层建筑领域了。"四清"和文化大革命都是人民群众对领导干部的斗争和批判，实质上是对以往革命运动中的革命者的革命，那更是多数人对少数人的战争，是战争与狂飙时代大多数人碾压少数人的革命大潮的延续。

总结新中国以后毛泽东执政的 26 年，其革命大势一路狂飙下来，整肃过经济和思想政治领域以后，本就该进入到中华民族的繁衍和生育领域了。

以美国国会议员为代表的一些西方人批评中国计划生育侵犯人权，国人也仅只是把人权当作是一个政治权利的概念。其实，它首先是一种经济制度，是一个经济范畴。用马克思的话说，法权关系只是生产关系的法律用语。[101] 而马克思论人权，就首先将其归结为北美和法国大革命用法律规范的财产所有权，它是"每个公民任意使用和处理自己的财产、自己的收入即自己的劳动和经营的果实的权利"。马克思还说，人权是资本主义商品生产方式的社会基础，在此基础上才是人的平等和安全。[102] 毛泽东去世以后，以邓小平为代表的被毛

---

101 《马克思恩格斯选集》第二卷，第 82 页。
102 马克思："自由这一人权的实际应用就是私有财产这一人权。……此外还有两种人权：平等和安全。"《论犹太人问题》，《马克思恩格斯全集》第 1 卷，

泽东整肃过的共产党人一旦获得解放立即宣布结束和否定文化大革命。但是，他们并没有寻找到文化大革命中包括刘少奇、邓小平、彭真、彭德怀、贺龙等等一大批建国的元勋们自己的政治权利受到践踏，生命也没有保障的制度根源，是在于他们所建立的国家制度的基础是否定私有财产权的，他们从新中国建立之初的知识分子改造、农业合作化和资本主义工商业改造开始就抽去了现代法治社会的这一重要经济基础，——这是侵犯国民的基本权利和没有人权保障的经济和制度根源，从而当毛泽东的政治运动发展到一定的阶段以后，就连他们这些开国元勋们的政治权利和生命安全也都没有保障了。

　　总结以上所论。人类社会生活包括物质生活和精神生活，而物质生活又分为物质生产活动与人类自身的生产活动。人的后一项生产和再生产，也就是人的生育和种的繁衍。[103] 如此来划分，人类社会生活分为物资生产活动、精神生活与生育活动 3 个领域、3 个部分。毛泽东时代的新中国已经通过所谓社会主义改造和文化大革命分别碾压了前两个领域和前两个部分，接着碾压人类自身的生产和再生产领域，那就只是时间迟早的问题了。

　　人民出版社，1956 年，第 438 页。引文里的着重号是原文就有的。

103　恩格斯："根据唯物主义观点，历史中的决定性因素，归根结底是直接生活的生产和再生产。但是，生产本身又有两种。一方面是生活资料即食物、衣服、住房以及为此所必需的工具的生产；另一方面是人自身的生产，即种的繁衍。"《马克思恩格斯选集》第四卷，人民出版社，1973 年，第 2 页。

"一胎化"生育政策遭受到的质疑和抵制

新中国是由中国共产党执政的，党中央发布的红头文件具有最权威的法律效力。中共中央 1978 年 10 月 27 日发布的 69 号文件明确把《中华人民共和国婚姻法》的男女初婚年龄分别提高了 5 岁，要求国民生育子女数"最好一个，最多两个"，都表明政府推行的计划生育已经是强制性的国家制度了。

因为由政府决定国民的生育违背自然规律，违背社会基本规则，自然与人民的实际生活发生矛盾和冲突。所以，要说以"一胎化"政策为核心的计划生育制度遭受到质疑和抵制，也是从 1978 年的 69 号文件颁布的那一天就开始了的。但是，因为中共中央 69 号文件颁布时间不长，陈慕华就把政策调整到更为明确与更为严厉的"一胎化"，所以，我们的研究是从国民对"一胎化"的质疑和抵制开始的。

因为"一胎化"过于离奇，所以，人民群众对"一胎化"政策的质疑和抵制，也都是从它产生的那天就开始了。30 多年的计划生育与人民的生活直接冲突，政府强制推行"一胎化"的生育政策给国民造成的伤害罄竹难书，人们对其质疑、抵制和反对也难一一陈述。本文从自己的论文说起，一方面因为它是我国最早公开质疑和反对"一胎化"的文章。另一方面，即使从 80 年代初中期又出现了"女儿户"与一些主张普遍二孩的人口学观点，它们在一定程度上似乎都可以视之为"一胎化"政策的对立物，但是，所有这些观点一概都回避了对"一胎化"的质疑和批判，以致无法叙述作者对"一胎化"政策的确切认识，而笔者本人的这篇论文反倒成为我国唯一的一篇系统分析和公开质疑"一胎化"合理性的历史文献。

无需赘言，1978 年笔者是由领导谈话被分配从事人口与计划生育研究的，当然属于体制内的研究者。但是，笔者历来还有一个认识，那就是每一个人作为民族国家的一个成员，处在各自不同的位置上，又都相当于民族肌体上的一个分子。因为受中国现阶段发展水平的局限，人民普遍受教育条件的制约，只有个别或者一部分知识分子才能接受到某方面的知识教育和承担了某种特别的社会职能，他们相当于民族国家肌体上某个部位的神经细胞，当国家发生一些重大事件的时候，就像一个人遭遇某种外部刺激而必然发出自然反应一样，也有所表现。笔者 1979 年 12 月份提交给第二次全国人口理论科学讨论会的论文《对我国今后几十年人口发展的几点意见》，就具有这样的性质。笔者已经交代过，1979 年的 7 月上旬，山西省计划生育办公室的干部刘玉莲到省委党校向我转达 12 月份将召开全国第二次人口理论讨论会的通知时，对我说，生育政策已经定下来了，就"一胎化"。当年 7、8 月份，在山西省计划生育办公室的刘玉莲和张小来两位同志的陪同下，我们先后在晋中地区的盂县和榆次市、运城地区的芮城县和永济县调查后，笔者写就了这篇论文。——国家把我安排到研究人口与计划生育的工作岗位上，政府出台了新政策，我应该对它发表个人的意见。

1979 年，人口与计划生育问题已经成为社会的热点。根据会议下发的《第二次全国人口理论科学讨论会论文目录》，1979 年 12 月份召开的成都会议共收到 146 篇论文，笔者提交的《对我国今后几十年人口发展的几点意见》在其目录编号里为第 79。作者提交给会议的文章系中文打字稿，16 开本，八开纸对折，共 16 个页码，约 1 万多个字符。[104] 文章分 3 个部分，一、关于我国人口现状和特点；

---

104 梁中堂《对我国今后几十年人口发展的几点意见》，梁中堂室藏人口与计划生育研究资料，1979091100。笔者手上的这篇文章是在刘甘栗同志 2013 年送给我的一大包资料里发现的。刘甘栗是国务院计划生育办公室的早期干部，参加了 1979 年 12 月在成都召开的全国第二次人口理论科学讨论会，

二、对要求本世纪末我国人口增长为零的几点看法；三、对我国人口发展的几点建议。

第一部分，关于我国人口现状和特点，主要讲了 4 个问题。第一，因为实行计划生育，中国人口出生率已经降到比较低的水平了。第二，中国仍然是一个生产力落后的农业国家。第三，国民仍以传统家庭为主要生活方式。第四，虽然政府提出了世纪末的人口目标，但今后 10 多年才是控制人口的关键期。

第二部分是对陈慕华提出的人口目标和由这个目标决定实行的"一胎化"生育政策的分析和批判，这是本文的重点。因为"一胎化"政策并不是像 1978 年中央 69 号文件里"一个正好，两个多了"那样，是在红头文件里明确表述的，相反，它只是在计划生育部门自上而下传达，在实际工作中被执行，却从未在"红头文件"里正式表达过，所以不能一上来就直呼其名予以批评和批判。笔者是从分析和分解陈慕华分两步走的人口目标入手，引出"一胎化"，然后予以分析和批判的。

所以，这一部分是以计算和预测为基础上的。那是文革后不久的时期，中国已经 15 年没有进行过人口普查了。其实，严格来说，1953 年和 1964 年的两次人口普查，也不是现代人口统计科学意义上的普查。实事求是地说，那个时代的中国还没有人口统计学。笔者那时的计算和测算，也不符合现代人口统计学的原理，充其量只够得上是粗

所以保存了这篇文章。2011 年前后的一次相遇中，刘甘栗对笔者说："'一胎化'生育政策出台以后，我一直纳闷为什么就没有反对的声音？直到有一天坐在成都市锦江宾馆的大会议厅里，听到台上的梁中堂提出了反对意见。"笔者手头已经没有提交给会议的第一次打印稿了。因为那个时代不允许公开发表与党的政策有抵触的言论，当然更不能有反对的出版物，所以，1985 年收入到公开出版《论我国人口发展战略》（山西人民出版社，1985 年）时，有一些地方的措辞已经不同于原稿了。譬如对照刘甘栗保存的这份稿件，文章的题目在文集里是《论我国今后几十年人口发展战略的几点意见》，多了"战略"两个字。从分析陈慕华的人口目标引出必然的"一胎化"结论的段落里，文集不是"目前，我国政府提出了……"，而是"最近，我国人口学界提出了……"，等等。

略的推算和预估，或者借用那个时代的科学家们的话叫"粗估"。[105]
笔者那时的所有数据都是从山西省计划生育办公室干部刘玉莲那里
得到的，而刘玉莲的数据又都出自于公安部的户籍统计。尽管这些数
据不准确，计算方法也都相当粗糙，但是，因为陈慕华在提出世纪末
的人口目标和人口政策的时候更粗糙，——她压根都没有做过哪怕
是大致的计算一下，因为即使大略计算一下也能发现事情不是她所
提出的那样。所以，比较而言，我的粗略的计算还是能获得写这篇论
文所需要的一些数据的支持的。

简单计算表明，即使"一胎化"也不能支撑陈慕华的世纪末人
口增长为零的方案。

那是 1979 年，每年的出生人口接近 2000 万，死亡人口大约 600
万。那时婚姻法定的初婚年龄男 20 岁、女 18 岁，所以，按粗略计
算，2000 年初婚 900 多万对（如果按照 1978 年中央 69 号文件的初
婚年龄计算，因为 70 年代初中期以前的高生育率，每年的新婚夫妇
数更多，问题更复杂），即使已婚夫妇不再生育，每对初婚夫妇只生
一个孩子，也明显无法让世纪末的人口实现"零增长"。如果一定要
零增长，除非再提出一个比"一胎化"更激烈的政策，要求人们终生
不生孩子，或者提高死亡率。这尤为荒唐了。由于有基本的数据支
撑，作者对"一胎化"可能产生的社会后果又做了多方面的研究，将
迅速致中国人口老化，形成"四二一"倒金字塔的家庭比例结构，造
成劳动力和兵源的困乏，政策多变给经济社会带来的困扰等等，都是
在这一部分里阐述的。

在这一部分的末尾，笔者说：

结论，这一模式没有抓住我国经济、人口现状的特点。我国人口

---

105 "粗估"这一词语，出自于原子弹的理论设计师彭恒武院士。彭恒武是中国
科学院院士，"两弹一星"功勋奖和共和国勋章获得者。当年中国决定制造
原子弹时，彭恒武负责总体设计。他把还没有计算机条件的核武器理论设
计称之为粗估，又说它是"穷人的办法"。见侯艺兵《彭桓武院士印象记》，
2024 年 1 月 17 日中华读书报，第 17 版。

状况的特点是最近十年左右内将出现高峰，而三十多年后将又开始形成死亡高峰。这一模式在生育高峰期间采取简单的强制和不准出生，在死亡高峰期间又将导致人口再生产迅速萎缩，使人口更替处于无法补偿的困难之中。根据这种情况，倘若有一种方案能在最初这十几年中，把人口出生加以调剂，削去高峰的浪头，尽量能在三十年后的死亡高峰时，政策不作大的改变，死生也能大致相抵，就可以较好地解决我国人口问题。[106]

因为那个时代不能批评党和政府的已定政策，笔者在这里是用"这一模式"指代"一胎化"的。在批判和否定"一胎化"生育政策的基础上，笔者在第三部分提出了自认为理想的方案。文章说：

从一九八〇年起，在每对夫妇只生二个孩子的基础上，将两胎的间隔严格控制在八——十年，即按目前城市晚婚年龄二十五岁左右结婚的夫妇，其两胎间隔为八年，按目前农村晚婚年龄二十三岁左右结婚，其两胎间隔为十年。另外，再辅之以一定比例的一对夫妇只生一个孩子的措施。按此要求，可望在二〇一〇年，人口达到十一点一亿时实现零度增长。[107]

这就是"晚婚晚育加间隔，普遍允许人们生育两个孩子"的理论来源。介绍到这里，自然需要介绍由这篇论文引发的从 1985 年 7 月份开始的山西省翼城县"晚婚晚育加间隔允许农民普遍生育两个孩子"的实验。从 1985 年 7 月试点开始运行至 2015 年 12 月中央"普遍二孩"政策实施，期间 30 年，它是我国计划生育体制内唯一的一个与"一胎化"对立的参照物，是暗夜里的一盏明灯，是许多人心底里的一丝希望。笔者讲这个话，首先因为它是事实。虽然站在走

---

106 梁中堂室藏人口与计划生育研究资料，1979110000，梁中堂《对我国今后几十年人口发展的几点意见》，第 12 页。

107 梁中堂室藏人口与计划生育研究资料，1979110000，梁中堂《对我国今后几十年人口发展的几点意见》，第 12 页。

过的历史的立场上来讨论，翼城试点所实行的政策并没有在全国推广，所以以上所说的明灯、参照、希望，事实上都是一定程度的虚幻。但回到当年的历史中，包括笔者自己在内的人们当时确实又都曾是把它当作参照、明灯和希望对待的。

成都会议以后，以陈慕华以及开始依附于她的宋健田雪原为代表的一批维护"一胎化"政策的人，集中利用宣传机器反驳我在成都会议上的那篇文章所提出的"一胎化"可能导致包括人口老化、四二一家庭结构和劳动力短缺等社会问题，笔者与其进行了针锋相对的论战，最终形成了以 1980 年初春为主的一组论文和 1983 年出版的《人口学》等理论著作。

1984 年初春，笔者借计划生育部门贯彻中央书记处 108 次会议精神，纠正强迫命令的工作作风的机会，向中央建议实行"晚婚加间隔"的生育政策。1984 年 3 月 15 日，笔者给胡耀邦总书记的信是这么说的：

总书记：

最近，我作为山西省计划生育委员会的顾问，参加了省计生委的党组会议。会上传达了中央召开的省市计划生育委员会主任会议的精神，其中书记处第 108 次会议决定事项的通知和万里同志在计生委主任会议上的讲话，对大家教育很大，印象很深刻。大家认为，中央书记处事事体现了"实事求是，不尚空谈"的作风。中央对我国计划生育工作的评价和认识是正确的。这是开创计划生育工作新局面的基础和前提。

从 1978 年以来，我国计划生育工作取得了不少成绩，但付出的代价也太大了。除了这些年的计划生育外，把工作建立在同广大群众长期对立的基础上，自我党有史以来未曾有过。三中全会以后，我们党在经济、政治上的一系列方针和政策深得民心，但由于计划生育工作上的过激做法，被抵消了不少。可以说，我们在计划生育工作上取得的成绩最大、最大，同时在计划生育工作上损失的也最多、最多。

　　如同我们党历史上多次证明的那样，大凡工作被动、有失民心的地方，都是由于我们没有认清客观规律，没有按客观规律办事的结果。我国目前的计划生育工作有失民意，正在于它违背了我国人口状况的基本规律，违背了广大人民群众的生育意愿。如果继续下去，即使允许"开小口，堵大口"，也是难以扭转被动局面、堵不胜堵的。

　　有没有好的解决办法呢？有。规律只有在它未被认识的时候才表现为盲目的。当我们认识了客观规律性，并且按客观规律的要求去做的时候，盲目就转化为必然和自由的了。在一九七九年全国第二次人口科学讨论会的大会发言中，我曾根据对我国年龄构成的分析预测，提出一胎化有可能出现的一些后果以及由此带来工作上的被动。我提出这些问题是为了说明，我国人口年龄构成正处在一个特殊的发展阶段上，通过调节二胎间隔，推迟生育，就可以完满地解决人口迅速增长的问题。几年来，人们出于良好的意愿对我提出的"人口老化""四二一"等给予批判，而没有认真考虑我提出的解决人口问题的方案。

　　从一九七九年到现在，我曾反复比较和验证了许多人口战略，认为我国人口发展只能走延长两胎间隔、推迟生育这条路子。春节前我曾把这种思想写出一篇短文，准备投书中共中央书记处的"情况通报"，以期引起注意和讨论。后因等候这次计划生育主任会议的召开，暂时压下了。这次一并寄上，请阅后批示。[108]

　　请读者注意，信中"自 1978 年以来"的一段话，既是对"一胎化"生育政策及其所形成的计划生育制度的总体评价，也是对陈慕华主管计划生育工作的评价。因为由此引出了长达 30 年的翼城试点，

108　根据萧振禹的照片录制。许多年来，笔者手上只有这封信中所提的文章《把计划生育工作建立在人口发展规律的基础上》，而找不到这封信的原文了。萧振禹的底片是在 2018 年 5 月送我的一大包资料里发现的。在标注"梁中堂致胡耀邦的信"的文件夹里，共有 9 张菲林，包括 3 份文件：1.梁中堂给胡耀邦的信（占 2 张菲林）；2.《把计划生育工作建立在人口发展规律的基础上》（占 5 张菲林）；3.中央信访局批转给国家计生委主任王伟的信件，以及王伟主任和周伯萍副主任在该信件上的批示（1 张菲林）。

所以，翼城实验就其本质说就是反"一胎化"的。

1984 年 3 月 29 日，中央信访局将笔者的这封信连同《把计划生育工作建立在人口发展规律的基础上》一并批转给王伟。中央信访局的批件说：

王伟同志：

山西省计划生育委员会顾问梁中堂致信耀邦同志，认为我国人口发展只能走延长间隔、推迟生育这条路子。现将来信送请您参阅。

3 月 31 日，王伟对中央信访局的信件作了批示。该批示写在原信件的左边空白处，竖写 2 行，但因年代久远字迹不清，估计是批示给分管政策的周伯萍，要其组织讨论和研究的。同一日，周伯萍在原信件右边空白处批示：

请即印七份，分送梁、于、连城、振禹、宏规等同志，请挤时间研究一番，下周中讨论。

周伯萍批示中梁是梁济民，国家计生委党组成员，办公厅主任。于是于旺，时任国家计生委委员，委党组成员，综合计划司司长。连城为王连成，宣传处长。振禹为萧振禹，统计处处长。宏规为李宏规，政策规划处处长。根据李宏规 1985 年 8 月 20 日给王伟写的一封关于笔者《论我国人口发展战略》一书的意见中"对梁中堂文章的一些不正确意见，在 1984 年 4 月 4 日周伯萍同志召集的一次会议上也曾指出过"[109]，说明周伯萍批示召集的讨论会召开时间应是 1984 年 4 月 4 日。在促成翼城实验过程中起到至关重要作用的张晓彤，估计也参加了这次讨论会。因为他本就在办公厅政策规划处工作，虽然不属于周伯萍批示参加讨论会的主要人选，但作为工作人员该是参加了会议的。笔者提出这一观点的依据是马瀛通张晓彤 1984 年 7 月 30

---

109 梁中堂《中国生育政策研究》，山西人民出版社，2014 年，第 214 页。

日写给国务院总理赵紫阳的报告《人口控制与人口政策中的若干问题》中，说"我们认为梁中堂同志在给胡耀邦同志的信中，提出的晚育加间隔的办法是可行的"[110]，说明马瀛通张晓彤所提建议的来源是笔者呈报给胡耀邦的《把计划生育工作建立在人口发展规律的基础上》，而他们两人中只有张晓彤有条件接触到这篇文章。也正是由于赵紫阳和胡耀邦对马瀛通张晓彤报告所提"晚育加间隔的办法"的肯定性的批示，才导致了我名正言顺地参与其事，进而引出了翼城实验。[111]

允许翼城县农民普遍生二胎一直被称之为试点，但它却不是国家计划生育委员会有意布设的工作试点。回到当时的历史中，虽然1982年中央11号文件已经有着城镇只生一个，农民生了一个女儿的可以再生一个（具体表述为"某些群众确有实际困难要求生二胎，经过审批可以有计划地安排"），少数民族可以生三个（具体表述为"少数民族，也要提倡计划生育，在要求上，可适当放宽一些"。因为相对于大面积的汉民族中的农民"女儿户"来说"可适当放宽些"，所以是允许生三个）的具体的生育政策规定，但是，从陈慕华、钱信忠到王伟分别担任国家计划生育委员会主任的年代里，计划生育部门实际上实行的却是不分城乡的"一胎化"。[112] 1988年彭珮云任主任以后，在全国推行"女儿户"政策，才使得"一胎化"的僵硬体制发生了较大变化。但是，在她刚刚铺开工作，全国一致走到"女

---

110 梁中堂室藏人口与计划生育研究资料，1984073000，中央书记处会议参阅文件[1984]21号《赵紫阳同志对〈人口控制与人口政策中的若干问题〉的批示》，第11页。

111 如果有读者对翼城试点的缘起有兴趣，可以阅读笔者的《翼城实验的由来与缘起》，载梁中堂自印本《我在翼城做实验》。

112 由于人口问题的虚幻性质，中央往往是迁就计划生育部门的。1982年至1988年，计划生育部门具体执行的并不是包括"女儿户"在内的1982年中央11号文件，而是国家计划生育委员会坚持的政策。有兴趣的读者，可以参看笔者的自印本《谁主沉浮？——中国现行生育政策的决策体制与机制研究》和已经公开发表在2014年第3期《开放时代》杂志上的文章《艰难的历程：从"一胎化"到"女儿户"》。

儿户"还未完成的时候，第二年，即 1989 年的初夏就发生了赵紫阳事件，"女儿户"被攻击为"赵紫阳的政策"。彭珮云只顾着维护全国面上还未能全部实现转变的大政策，也就顾不得 1988 年由她颁布认可的二胎实验了。笔者讲这个话，是有个人的经历作支撑的。笔者很大程度是因为主持翼城实验而被彭珮云聘任为国家计划生育委员会的专家委员的。从 1988 年 3 月全国人大常委会通过她的任命前开始，彭珮云即向笔者提出要去翼城县考察。1988 年 3 月以后，彭主任甚至与笔者有过数次商定到达翼城县的具体日期和相关事宜。[113]但是，1989 年发生赵紫阳事件以后，彭珮云不仅像从未发生过那样不再提去翼城考察的事，甚至连过问过一下翼城的试点工作都没有发生过。也不是没有时间和机遇。彭珮云每年都亲自主持专家委员会的活动，向专家委员介绍当年或者未来几年的国家计生委的工作计划，征询专家们的意见。而 80 年代末至 90 年代初，我还是比较积极参加专家委员会的活动的，每年都有几天时间与其在一起工作。遗憾的是，1989 年以后将近 10 年的时间里，彭珮云从未向我询问过翼城的工作。因为国家计划生育委员会不再过问二胎实验了，所以，各省趁 1988 年至 1990 年实行"女儿户"政策而进行的新一轮的立法活动中，又都把试点收回去了。这样，翼城县的"晚婚晚育加间隔，允许农民生两个孩子"的实验，就成了期间 30 多年里，全国唯一的一个允许农民普遍生二孩的"试点"，也即后来被有些媒体所称的"特区"与"孤本"。

2009 年，顾宝昌王丰主编的《八百万人的实践——来自二孩生育政策地区的调研报告》出版发行。因为陈慕华的"一胎化"缘起于 1985 年和 2000 年的人口目标，其推行过程中也曾经说它是"本世纪"的一项权宜之计。所以，20 年以后，20 世纪末至新世纪之初，要求改变生育政策的呼声越来越高涨。顾宝昌和王丰的书的出版恰逢其时，对推动生育政策的转变起到了十分积极的作用。不过，这不

---

113 关于这个故事，读者可以阅读笔者的《一次流产的试点研讨会》。

是一本严肃的学术著作。该书出版以后，王丰教授曾经送我一本签名本，并在书的衬页上写了"敬献给中国二孩试验（点）之父梁中堂先生"。但是，我翻阅后却对其科学性与学术性评价不高。记得当时我对顾宝昌先生说："对立的营垒里实在没有什么人才，如果有，你们书里的硬伤一抓一大把。"最突出的问题是支撑该书合理性与存在价值的研究对象问题，即书的题目所列"八百万人"和副标题所示"二孩生育政策地区"，就都是大乌龙。

顾宝昌和王丰在书的"编者的话"里说：

> 1980 年代中期，我国有一些地区经过上级部门批准实行了"一对夫妇可以生育二个孩子"的政策。这些地区 20 多年来推行二孩生育政策的实践对于我们认识生育政策与人口态势的关系无疑是一笔宝贵财富。[114]

顾宝昌和刘鸿雁在"背景介绍"里又进而指出，这些试点地区是"甘肃省的酒泉、山西省的翼城、河北省的承德、湖北省的恩施"。[115] 也就是说，该书所说八百万人的实践，是这 4 个实行了生育二孩政策地区的人民的实践。但问题就发生在这里。

首先需要澄清的一个问题是，新中国是由毛泽东缔造的中国共产党领导的高度统一的国家政权，党和政府的一切政策都是由党中央国务院决定的，尤其生育政策在计划生育时代里是一件很严肃的事情，除了党中央国务院以外，任何一级政府是没有权利自行制订或决定计划生育政策的。1981 年 3 月 6 日，全国人大常委会通过决议设立国家计划生育委员会的时候，就明确授权国家计划生育委员会"统一管理全国的计划生育工作"。[116] 所以，2001 年《中华人民共和国计划生育法》颁布实施以前，除了西藏自治区以外，其他各个省、

114　顾宝昌王丰《八百万人的实践——来自二孩生育政策地区的调查报告》，社会科学文献出版社，2009 年，第 1 页。

115　《八百万人的实践——来自二孩生育政策地区的调查报告》，第 3 页。

116　人民日报，1981 年 3 月 7 日，第一版。

市、自治区的人大常委会都颁布了地方的《计划生育条例》。在此以前，有的省份甚至还出台过由省政府直接通过的"试行规定"。从表面看，这都是地方性的法规，但它们都是在国家计划生育委员会的指导下产生的，具体体现了党中央国务院的意志或政策意向。计划生育时代的一个大背景，是计划生育部门营造的严格控制人口的社会氛围，如果地方实行了比中央要求还严厉的政策，是可以的；如果实行比国家计划生育委员会要求还要宽松的政策，是不许可、不允许的。在这样的历史背景下，顾宝昌王丰在该书"编者的话"里说"有一些地区经过上级部门批准实行了'一对夫妇可以生育二个孩子'的政策"，其"上级部门"是特指国家计划生育委员会，那就是正确的。如果泛指，以为县委县政府可以批准决定某个乡镇实行生二胎的政策，省委省政府可以批准决定某些县或者某地市实行生二胎的政策，那就是错误的，甚至是根本不可能发生的。计划生育时代，表面看各地的具体生育政策有所不同，但那无一例外地都是在国家计划生育委员会的指导下形成的，都是经过国家计划生育委员会的同意以后才提交省人大常委会或者省政府常务会议审议通过的。尤其是在陈慕华、钱信忠和王伟任国家计划生育委员会主任的时代，国家计划生育委员会所要求的生育政策都远比 1982 年中央 11 号文件还要严。这是大背景。

回到我们的问题。陈慕华 1979 年提出"一胎化"，本就是要求农村 80% 和城市 90%，或者农村 90%、城市 95% 只生一个，所以在 1979 年和 1980 年最初执行时就已经制订了一些特殊情况允许生二胎。但即使这样，与人民群众的对立也很严重，用胡耀邦的话说计划生育难以为"计"，具体表现是"群众跑反"和"干部不管"。[117] 计划生育育时代的生育政策试点，是 1984 年中央 7 号文件以后的王伟和 1988 年彭珮云任国家计划生育委员会主任后很短的一个时期所设置的一

---

117 梁中堂室藏人口与计划生育研究资料，1981091000，《赵紫阳、胡耀邦等同志在中央书记处第 122 次会议上关于计划生育问题的发言》。

种生育政策实验，是不是试点单位，都是要经过国家计划生育委员会颁布文件予以授权才算数的。核查王伟时代的试点单位，河北省有平山县、南宫县两个单位，没有承德县或承德市、承德地区。湖北省有黄冈县、谷城县两个单位，没有恩施地区。甘肃省有泾川县一个单位，没有酒泉地区。《八百万人的实践》一书所列的 4 个试点单位里，只有山西省翼城县进到了 1985 年的国家计划生育委员会的试点名单。[118] 而且必须说明的是，因为在经中央批准的 1984 年 7 号文件里，王伟说"我们考虑再增加几项，把二胎照顾面扩大到10%左右"[119]，说明在王伟的指导思想里，照顾生二胎的比例只准备开放到占新生儿的 10%的比例，而陈慕华的"一胎化"本就是指 90%或 95%只生一个，所以，他所执行的计划生育政策的基点仍然是"一胎化"，本就没有实行普遍二孩的打算，从而在 1984 年布局与认可的 40 多个试点单位里也就没有二孩政策的实验。山西省翼城县的试点，是笔者在 1985 年硬"塞给"王伟的。

1988 年，彭珮云把全国的生育政策推进到"女儿户"，那是大约占农民人口 50%的人都可以生二胎的一项大政策，它几乎覆盖了王伟布设的生二胎照顾面占 10%的所有试点，所以，除了翼城县以外，王伟的过去的 40 多个试点大都没有意义了。由于彭珮云聆听了总书记赵紫阳寄希望于翼城实验的话，有着开放二孩的打算，所以，1988 年，彭珮云以参加 1987 年 9 月王伟在翼城县召开的现场会的单位为基础，调整了试点。[120] 在彭珮云所批准和下达的文件里才确定山西省翼城县、大同市新荣区、黑龙江省黑河市、山东省长岛县、广东省

---

118 《中国计划生育全书》，第 702 页。

119 《中国计划生育全书》，第 26 页。

120 1986 年夏天，由于国务委员宋健和中央书记处书记胡启立的作用，全国掀起一股回到 1980 年严紧的"一胎化"时代的思潮。1986 年 12 月 2 日，国务院总理赵紫阳在全国计划生育工作会议上讲了一通寄希望于翼城试验的话以后，1987 年 9 月，王伟在他任期即将结束的时候才在翼城县召开了一次我谓之为"现场会"。而实际上，无论会前会后，王伟始终都没有明确这是生育二胎政策的试点单位参加的会议，所以，参加会议的单位未必都是生二胎的地区。

南海县、广西壮族自治区龙胜各族自治县、甘肃省酒泉地区、徽县等
8 个地方"批准在农村试行有计划地安排普遍生育二胎政策"。[121] 读
者已经看到，在彭珮云的试点单位里，也没有《八百万人的实践》一
书中的河北承德和湖北恩施。这就是说，河北承德和湖北恩施压根就
不是国家计划生育委员会的试点，更不是批准允许生育二胎的政策
试点。我们再具体分析一下。

河北承德，根据上个世纪 80 年代的政区划分，河北省承德地区
分承德市和承德地区行署两个平行的地市级建制，其中承德市辖双
桥区、双滦区、鹰手营子矿区和承德县。承德地区行署则管辖宽
城县、兴隆县、平泉县、滦平县、丰宁县、隆化县和围场县等 7 个
县。[122] 《八百万人的实践》中所调查的河北承德，是经国务院批准
1993 年 7 月 1 日，由原来的承德地区和承德市合并而成的河北省承
德市。但无论合并前的河北省承德市和承德地区两个地市级单位，还
是合并以后的河北省承德市，都不是国家计生委的试点单位，国家计
划生育委员会也绝不会同意经河北省人大或者政府授权让承德地区
实行普遍的二胎政策。无论国家计生委还是河北省委省政府，更不会
允许承德地区自行出台实行二孩的生育政策。

为了不至于问题过于复杂，我们只是具体分析历史期间有承德
之称的核心地区承德县的生育政策。80 年代的河北省承德县辖 7 个
镇，45 个乡和一个少数民族乡。[123] 根据中共承德县委县人民政府
1985 年《批转计划生育委员会党组计划生育委员会〈关于一九八五
年计划生育工作安排意见的报告〉的通知》承县发[85]10 号，其中
生育政策的规定说：

---

121 梁中堂室藏人口与计划生育研究资料，1988052000，国家计划生育委员会
　　《关于调整计划生育工作试点的通知》计生委[1988]厅字 31 号，第 2 页。笔
　　者还核对了 1987 年 9 月参加翼城县会议的名单，辽宁省长海县、青海省湟
　　中县就未在彭珮云的二胎试点名单里。
122 中华人民共和国民政部行政区划处编《全国乡镇地名录》，测绘出版社，1986
　　年，第 22-23、37-39 页。
123 《全国乡镇地名录》，第 23 页。

（二）农民普遍提倡一对夫妇只生一个孩子。对于确有实际困难，要求生二胎的，符合省委规定的条件，可以有计划地安排。……现对深山区生产生活确有实际困难，要求生二胎的，提出如下安排意见：1.全县农业人口的一孩夫妇，第一胎是女孩，要求生育二胎的，可以有计划地照顾生育二胎。2.近十年来人口负增长、持平和基本持平的乡，属于农业人口的一孩夫妇，不论第一胎是男孩或女孩，要求生育二胎的，可以有计划地照顾生育二胎，这些乡是……[124]

文中"农民普遍提倡一对夫妇只生一个孩子。对于确有实际困难，要求生二胎的……可以有计划地安排"，那是 1982 年中央 11 号文件中"女儿户"的典型的语言表述，即使不懂这一点，后面又明确说"1.全县农业人口的一孩夫妇，第一胎是女孩，要求生育二胎的，可以有计划地照顾生育二胎"，充分说明承德县 80 年代中期主体人口地区执行的是"女儿户"政策，只是对占人口比例极小的深山区的农民普遍开放了二胎。所以，无论怎么说，承德都没有实行过普遍二孩的政策。

至于湖北恩施，必须强调它的全称是湖北省恩施土家族苗族自治州。根据国务院的批复，1983 年 12 月 1 日，湖北省恩施地区改名为湖北省鄂西土家族苗族自治州。1993 年 4 月，又将其易名为恩施土家族苗族自治州。我们不知道《八百万人的实践》一书的编者是不是出于一种智慧，把书中 4 个地区的称谓都在目录里用了简略的名字。但使用恩施土家族苗族自治州的全称很重要，因为它是一个包含有 29 个民族的以土家族、苗族等少数民族为主的民族地区，根据 1982 年中央 11 号文件，本就该执行允许农民生 3 个孩子的政策。但是，根据《八百万人的实践》一书提供的资料，从 1985 年到 2004 年，它也不是普遍二孩，而是实行了"女儿户"政策。

---

124 梁中堂室藏人口与计划生育研究资料，1985012600，中共承德县委县人民政府《批转计划生育委员会党组计划生育委员会〈关于一九八五年计划生育工作安排意见的报告〉的通知》承县发[85]10 号，第 5-6 页。

　　根据该书的介绍，1985 年 1 月恩施州政府颁布的《鄂西土家族苗族自治州实行计划生育暂行规定》："农村提倡生育一个孩子，间隔三年以上，要求生育二孩的可以有计划安排"。[125] 读者可以对照一下 1982 年中央 11 号文件有关"女儿户"的表述："农村普遍提倡一对夫妇只生育一个孩子，某些群众确有实际困难要求生二胎的，经过审批可以有计划地安排。不论哪一种情况都不能生三胎。"[126] 1982 年中央 11 号文件之所以把"女儿户"作这样复杂的表述，本是国家计划生育委员会党组与党中央的约定，这一点笔者在后面阐述党中央国务院对陈慕华的"一胎化"政策的纠正与修订时，还要详细说明。现在需要说明的是，《八百万人的实践》的作者没有引述恩施州政府 1985 年《计划生育暂行规定》的原话，但是，即使如此，读者也不难发现"可以有计划安排"是中央 11 号文件里表述"女儿户"的语言。[127] 根据《八百万人的实践》的作者在同一页书里的说明，2004 年 2 月恩施土家族苗族自治州五届人大二次会议通过的《人口与计划生育条例》才规定："夫妻双方或属农村居民的，可以生育第二个子女"。所以，恩施州是到 2004 年以后才普遍允许农民生二胎的。而在此以前，恩施土家族苗族自治州作为一个民族地区，中央本是允许农民普遍生三胎的，却被地方政府改变成为长期执行了远比"女儿户"还严紧的规定一些条件生二胎的政策。支持作者这一观点的依据

125　《八百万人的实践》，第 225 页。引文是该书作者转述的文字，而不是引用恩施土家族苗族自治州政府 1985 年《计划生育规定》的原文。

126　《中国计划生育全书》，第 19 页。

127　因为国家计划生育委员会党组向中央建议 1982 年中央 11 号文件中"女儿户"的表述是在《中共中央办公厅转发〈关于计划生育工作的报告〉》（中办发[1982]2 号文件）中阐述的，该文件"发至省、军级"，按政策规定，包括省一级计划生育委员会也看不到这个文件，所以，大约 1988 年中央政治局常委第 18 次（扩大）会议以前，省以下计划生育部门也是不知道中央主张推行"女儿户"政策的。在这样的背景下，各省、市、自治区的计划生育政策中照抄 1982 年中央 11 号文件中标书"可以有计划安排"未必理解为"女儿户"，而是按照钱信忠 1982 年争取到的中办发[1982]37 号中的口径理解的制订某些特殊条件允许生二胎。关于这个问题，本文在后面叙述党中央国务院对陈慕华"一胎化"的修正和纠正时还要述及。

是 1984 年中央 7 号文件，按照国家计划生育委员会给中央的报告所说，王伟担任国家计生委主任以前各种照顾生二胎的政策加在一起，只占新生儿的 5%。所以，只是因为参与《八百万人的实践》一书调研的人们对计划生育历史不熟悉，把地方法规所引述的中央文件对"女儿户"的提法理解为普遍的二孩政策，才出现了这样的结果。

还需要说明的是，虽然 1988 年国家计生委的这个文件里规定了 8 个试点单位，但是，因为一年后，即 1989 年就发生了赵紫阳事件，社会上有一股风说"女儿户"是赵紫阳的政策，生二胎的试点是"赵紫阳的试点"，所以除了翼城县以外，其他的二胎实验概都在国家计划生育委员会为推行"女儿户"政策的新一轮立法工作中，被所在省收回去了。

因为《八百万人的实践》一书中把甘肃酒泉地区当作自 80 年代中就开始实行二孩政策的试点单位，我们要分析得细致些。

2000 年 6 月中旬，原国家计划生育委员会副主任、中国人口学会常务副会长李宏规带队组织了一个赴甘肃省酒泉地区考察活动的团队。李宏规在王伟和彭珮云时代，几乎一直是管政策的。在他的影响下，这次调查人员也都是把酒泉地区当作是实行普遍二孩政策的试点单位予以考察的。[128] 也就是在这次调查活动中，甘肃省酒泉地

---

128 主管生育政策出身的李宏规在甘肃酒泉的生育政策方面弄乌龙，不是个案与特例。著名人口学家蒋正华 1991 年至 1998 年任国家计划生育委员会副主任，1998 年至 2008 年又担任了全国人大常委会副委员长。2013 年，蒋正华在中国国际交流中心主办的"中国智库"月刊《全球化》第 5 期上发表《从科学发展高度看人口问题》的文章。同年 6 月 26 日，他又以此为蓝本在"2013 年全球智库论坛"上做了《新世纪的世界与中国人口》的主旨演讲。蒋正华文章的主题是针对当时社会高涨的呼吁，反对放开二孩政策的。为了阐明自己的主张，蒋正华说国家计生委曾在 40 多个地、县（市）实施了二胎试点，1988 年又将其调整为 13 个，最后只剩下 5 个县、区、市，而成功的只有两个。读者跟随笔者的指引，已经看到 1985 年王伟的 40 多个试点名单里，只有一个山西省翼城县是允许农民普遍生二胎的。在 1988 年彭珮云的二胎实验名单上，总共只有 8 个单位。这两个基本事实说明，担任过 8 年国家计生委副主任的著名人口学家蒋正华，对国家计生委的试点情况一点都不熟悉，所介绍的情况一点都不靠谱。有兴趣的读者，可以阅读笔者 2013 年 9 月 10 日所写的《职业操守与蒋正华的"科学发展"》。

区行署计划生育委员会的一位副主任（副处长）陪同，据他说，酒泉地区从 1984 年的地区计划生育工作会议以后，就实行了普遍二孩的政策。但这不是事实。[129] 1984 年 8 月 28 日至 8 月 31 日召开的酒泉地区计划生育工作会议，当然是酒泉地委和行署为贯彻 1984 年中央 7 号文件召开的，而中央 7 号文件明确规定"照顾生育二孩"的比例逐步放宽到占当年新生儿的 10%。所以，酒泉地区的计划生育工作会议不可能突破中央 7 号文件而自行制订一个普遍允许农民生育二孩的生育政策。[130] 阅读这次会议所形成的文件即中共酒泉地委酒泉地区行政公署《关于批转〈全区计划生育工作会议纪要〉的通知》地委发[1984]57 号，也没有那位副处长所说的实行普遍二孩的政策规定。其有关政策部分是这样说的：

一、生育政策：

需要说明的是，在全国人大常委会副委员长的任期上，彭珮云就参与了《八百万人的实践》一书的许多活动。正如该书主编在其"编者的话"里所说："国家计生委的老主任、中国人口学会的老会长、九届人大常委会副委员长彭珮云同志始终关注这一课题的研究，拨冗参加研讨会与大家共同讨论"。可以说，《八百万人的实践》是在彭珮云的热心关怀和积极参与下产生的。1988 年至 1998 年，彭珮云做过 10 年的国家计生委主任。也就是在她的推动下，全国的照顾生二孩的政策由王伟的占 10%扩展到大约占 50%的"女儿户"。彭珮云有大魄力，一下子布局了 8 个生育二孩的试点。不过读者已经看到，河北承德和湖北恩施并不在 1988 年彭珮云的实验名单里。除非健忘，担任过国家计划生育委员会主任的彭珮云当然知道，未经批准，任何地方都不可能实行远比"女儿户"更为宽松的二孩政策。这是政治纪律。更何况，河北承德和湖北恩施都分别是几百万人口的大区域，竟持续实行了 2、30 年的二孩政策，岂不是天方夜谭？可这样的乌龙就出在彭珮云推动下所产生的书里面。

129 在李宏规和酒泉地区那位计生干部的引导下，笔者也是按照酒泉地区正在实行农民普遍二孩政策的试点予以考察的，会议期间的发言以及在此基础上形成的《对酒泉地区生育政策试点及效果的初步认识》，其基本观点也都是维护酒泉地区是普遍二孩的试点单位这一立场的。该文以与谭克俭合作形式最初发表在《西北人口》2000 年增刊号《中国人口学会赴酒泉调研专辑》，后收入笔者的论文集《中国生育政策研究》。

130 中共酒泉地委和行署批准的《全区计划生育工作会议纪要》明确说："会议认真学习了中央（1984）7 号文件和省委办公厅[1984]70 号文件精神，传达了全省计划生育工作会议精神"。

1. 城乡继续大力提倡一对夫妇只生一个孩子。国家干部、职工、城镇居民和农村农民具备下列情况之一者，经过审批，可以有计划地安排二胎生育。

（一）第一个孩子经县以上医院会诊证明为非遗传性疾病，不能成为正常劳动力的；

（二）婚后五年不孕，抱养他人一个孩子后又怀孕的；

（三）再婚夫妇经法律判决身边只有一个孩子的，可以再生一个。一方有两个孩子后丧偶，另一方为初婚的再婚夫妇，可以照顾再生一个。但因女方生了女孩，男方闹离婚后再婚的，一律不安排生育指标；

（四）独生子女和独生子女结婚的；

（五）男到有女无儿家结婚落户并赡养老人的（如有姐妹数人，照顾只限一人）；

（六）两代单传的（从爷爷到父亲为二代，包括男性、女性和男女交替单传）；

（七）夫妇一方因非遗传性疾病而造成残疾（包括二等乙级残废军人），丧失劳动能力，生活不能自理的；

（八）兄弟几个中只有一个有生育能力，办了公证手续，保证生后给无孩子兄弟的，可以生二胎；

（九）夫妇均为少数民族的；

（十）夫妇均为归国华侨的；

（十一）农村上年无多胎生育的乡中计划生育率达到 100%，历年计划生育奖罚政策兑现好，罚款收回 80%以上的村，可以有计划地安排二胎。"[131]

请读者注意，文件开始就说"城乡""国家干部、职工、城镇居

---

131 梁中堂室藏人口与计划生育研究资料，1984091400，中共酒泉地委酒泉地区行政公署《关于批转〈全区计划生育工作会议纪要〉的通知》地委发[1984]57号。作者随同李宏规调研酒泉地区计划生育的过程里，举办方和接待方都没有给调研活动提供这份重要文件的副本，该资料是作者自行搜集的。

民和农村农民"，农村和城镇、农民和市民，都是并列的，说明 1984
年的甘肃酒泉地区的照顾生二胎的政策还属于不分城乡地推行"一
胎化"的阶段。在这个阶段里，只有达到文件里明确规定的 10 个照
顾生二胎条件的无论城镇或者农民家庭，才可以生育二胎。随着笔者
的叙述，读者将在后面阅读党中央国务院对陈慕华的"一胎化"的
修正的时候，不难发现酒泉地委的这个 1984 年的 10 条照顾允许生
二胎，其实是照抄 1982 年钱信忠争取到的中办发 37 号文件中所罗
列的 10 条。按照钱信忠允许生二胎的条件，王伟认为占新生儿的 5%，
所以远不是普遍二孩。

　　不只是城乡不分地"一胎化"，事实上酒泉地委颁发了一个农
村更严厉于城镇的计划生育政策。读者已经看到，其（十一）是特别
为农民制订的，要求乡一级达到 100% 的计划生育率和村一级达到 80%
政策兑现率，才向符合他们制订的照顾生二胎条件的家庭"安排二
胎"。这是一个很严格，甚至是很苛刻的条件。计划生育时代，由计
划生育部门制订的有关政策兑现的条款，都是以有利于执行具体生
育政策为目的的，处罚金额大都设置得比较高，让民众违反了计划生
育政策以后不仅没有能力支付，甚至都害怕那么高的罚款会导致倾
家荡产而不敢超生。相反，如果处罚金额定得很低让一般人家也都能
承受得起，那就变成拿钱买生育指标了。甘肃酒泉地区是一个农牧交
混的经济落后的地区，一个乡的计划生育率要达到 100%，一个村的
政策兑现率即收缴农牧民计划生育罚款达到 80% 以上，都几乎是不可
能实现的目标，而达不到所设置的目标，就不给符合以上照顾生二胎
条件的家庭发放生育指标。

　　笔者作这样的分析，也是有事实依据的。1987 年 9 月，在王伟
主持的翼城县现场会上，甘肃省酒泉地区提供的书面材料《关于对无
计划外生育的村按间隔安排二胎生育试点情况的汇报》中说：

　　中央〔1984〕7 号文件下发后，地委、行署根据文件精神，结合
我区地广人稀，经济发展潜力大，劳动力相对不足的实际，在深入调

查研究和对未来人口发展进行预测的基础上，制定了"开小口"的 11 条规定，其中，规定了在农村"乡上年无多胎生育，村无计划外二胎生育，奖罚政策兑现好，第一个孩子在四周岁以上的，可以有计划地安排二胎生育"。[132]

可以知道，1984 年酒泉地区照顾生育二胎的政策是上面我们引述的 11 条规定（其实是 10 条规定，第 11 条是对农民执行以上 10 条的条件规定），而不是农民的普遍二孩。根据 1987 年 9 月在翼城会议上的发言，在实际的执行中，甘肃酒泉地区对农民的要求比 1984 年的中共酒泉地委酒泉地区行政公署《关于批转〈全区计划生育工作会议纪要〉的通知》还要严格，还需要符合该文所提出的照顾条件以外的条件，即间隔满 4 年以上，说明 1980 年代的中期，甘肃酒泉地区的农村实行了远比城镇更为严厉的"一胎化"，而不是普遍的二孩政策。

具体分析酒泉地区如果实施过农民普遍二孩的政策，也只能是在 1987 年 9 月王伟在翼城县召开的现场会和 1988 年彭珮云颁布的"通知"以后，而不是那位副处长所说的 1984 年。但是，因为 1989 年发生了赵紫阳事件，也恰遇到甘肃省颁布以"女儿户"为核心生育政策的新条例，省里趁机又把彭珮云授权酒泉地区试行农民普遍生二胎的政策收回去了。

笔者讲这段话是有文献依据的。1989 年 11 月 28 日，甘肃省第七届人民代表大会常务委员会第十一次会议通过以"女儿户"为核心政策的《甘肃省计划生育条例（草案）》时，还附有一个省政府的《关于〈甘肃省计划生育条例（草案〉的说明》。笔者不知道这个给即将表决的省人大常委会作说明的人具体是谁，一般情况下应该是省政府法制办（局）的领导。不过，这不影响我们的分析。这位作"条例草案"说明的人在人大常委会上说："……经过一年的酝酿讨论修改，

---

132 梁中堂室藏人口与计划生育研究资料，1987091010，甘肃省酒泉地区计生处《关于对无计划外生育的村按间隔安排二胎生育试点情况的汇报》。

起草了《甘肃省计划生育条例（草案）》，1989 年 6 月 15 日省政府常务会讨论通过。现在我受省政府委托，对《甘肃省计划生育条例（草案）》以下简称《条例（草案）》作如下说明"。与我们相关的一段话：

最后说明，国家计生委《关于调整计划生育工作试点的通知》的计生委〔1988〕厅字 31 号文件中，确定全国有十三个单位在农村实行有计划地安排普遍生二胎的试点，其中有我省酒泉地区和徽县。经省政府 6 月 15 日常务会议讨论，认为当前正值生育高峰，允许农村有条件的普遍生二胎的试点，无任何推广的实际意义。本《条例》颁布后我省两个试点地区按《条例》执行。[133]

所以，1988 年 5 月彭珮云授权甘肃酒泉试行允许农民生二孩的实验，随着 1989 年 11 月 28 日的甘肃省第七届人民代表大会常务委员会第十一次会议审议通过《甘肃省计划生育条例（草案）》，又被否决而收回去了。10 年以后，2000 年，当政治形势有所缓和的情况下，甘肃酒泉地区的计生部门再次要求实行普遍二孩的政策。2000 年 6 月，在笔者随李宏规一行赴甘肃省酒泉地区调研的活动中，甘肃省计划生育委员会主任在一次会议上说："酒泉地区说国家计生委批准他们实行普遍二孩，但我就没有看到过有这样的文件。"省计生委主任的这段话说明，她还拿不准该不该同意酒泉地区回到普遍二孩的试点上去，说明当时的酒泉地区并未实行允许农民普遍生二孩的政策。因为我在现场，当即回应这位省计划生育委员会的主任说："我可以给你提供这份文件。"回到太原后，我将国家计生委 1988 年的这份文件复印后寄给了她。所以，检点酒泉地区的生育二孩实验，我们不

---

133 梁中堂室藏人口与计划生育研究资料，1989112800，《甘肃省计划生育条例（草案）·关于〈甘肃省计划生育条例（草案）的说明〉》。作者随同李宏规调研酒泉地区计划生育的过程里，举办方和接待方都没有给调研活动提供这份重要文件的副本，该资料是作者自行搜集到的。希望读者在阅读这段话时，能够读出省政府常务会议讨论该条例草案时主要包括省长、副省长在内的省政府一班人对待彭珮云设置的生育二孩试点试验的感情和情绪，那是准确理解和把握计划生育的时代背景不可或缺的。

知道在 1987 年 9 月王伟的会议以后，以及在 1988 年 5 月彭珮云的试点单位通知以后至 1989 年 11 月省人大常委会否决试点以前是否铺开过，但是，即使《八百万人的实践》一书的作者调查的时候那里实行了二孩政策，那也是 2000 年 6 月我寄给甘肃省计划生育委员会的复印件以后。所以，酒泉地区如果在《八百万人的实践》的作者调研时确实实行了允许农民普遍二孩的政策，那也是一个自 1988 年 5 月彭珮云下达文件以后开始的，而后又反复被折腾的在不同时期实行过不同生育政策的地区，而远非是该书的编者所说自 1980 年代中期"经过上级部门批准实行了'一对夫妇可以生育二个孩子'的政策"。[134]

另外，笔者手上还有一份广西龙胜县计划生育委员会 1989 年 1 月 5 日呈送国家计划生育委员会的报告，其内容是广西壮族自治区人大常委会于 1988 年 9 月 17 日通过《计划生育条例》后，龙胜县要求不执行自治区的计划生育条例，而"继续执行农村有计划地安排二孩生育"即要求继续执行 1988 年国家计划生育委员会关于试点单位通知的文件。[135] 记得龙胜县的二位同志给国家计生委呈送这份

---

134 读者已经看到那个时代实行普遍二孩是一件很复杂的事情。2000 年以后，甘肃酒泉地区要作这样的调整，即恢复普遍二孩的试点，不只是要疏通国家计划生育委员会的关系，而且更重要的是要否定甘肃省人大常委会和省政府明确否定了的政策，这是需要经过一系列法律程序才可以实现的。按照笔者的判断，在现行的国家体制下，甘肃省酒泉地区并不具备运作否定省政府和省人大法规的复杂法律程序的条件。所以，应该说，除了 1988 年 5 月彭珮云的文件下达以后至 1989 年 11 月 28 日甘肃省人大七届常委会第十一次会议期间，甘肃酒泉有可能实行了 1 年半的允许农民生育二孩的政策以外（如果是这样，酒泉地区一定会产生一系列政策文件的。但是，我们并没有发现这方面的文件），其他的历史时期并没有实行过普遍二孩政策。这就是说，就像 2000 年 6 月中国人口学会常务副会长李宏规带领着 10 多位人口学家在并没有实行普遍二孩政策的酒泉地区调研实施普遍二孩政策的效果一样，就像河北承德、湖北恩施并不是生二孩的试点从而根本就不可能实行普遍二孩政策，而《八百万人的实践》的作者却把它们都当作二胎政策试点一样，也想当然地把并非自始至终实行了普遍二孩政策的甘肃酒泉地区当作自 80 年代中期以来就实行了二孩实验的试点单位调研的。

135 梁中堂室藏人口与计划生育研究资料，1989010500，广西龙胜各族自治县计划生育委员会《关于在我县农村继续试行有计划地安排生育二孩的请示

文件的时候，正好我也去了国家计生委机关。计生委机关的同志告诉我龙胜县来人，要求国家计生委重新确认他们的试点。请读者注意，一方面，龙胜各民族自治县是一个少数民族地区，按照 1982 年中央 11 号文件本该执行少数民族允许生三胎的政策的，现在经国家计生委批准试行允许农民生二胎，广西壮族自治区政府还要收回去。另一方面，这份报告的时间是 1989 年年初，发生赵紫阳事件以前，说明二胎试点生存环境的恶劣，——"赵紫阳试点"只是一个要取消和扼杀普遍二孩政策试点的一个借口。在实行"一胎化"生育政策的计划生育时代里，且不说没有国家计划生育委员会的批文根本就不可能大张旗鼓或名正言顺地实行比"一胎化"远为宽松的普遍二孩的政策，即使像甘肃酒泉、徽县和广西龙胜各民族自治县那样经国家计生委颁发了正式文件的试点单位，随时都有可能被省一级的主管部门收回去。这是计划生育时代的最基本的社会背景。所以，《八百万人的实践——来自二孩生育政策地区的调研报告》本就是一个乌龙，其所说甘肃酒泉、河北承德、山西翼城、湖北恩施等 4 个地方约 800 万人口自 1980 年代中期"经过上级部门批准实行了'一对夫妇可以生二个孩子'的政策"，其实只有山西省翼城县约 30 万人才有他们调研的生二孩的实践。

笔者之所以一定要澄清这个问题，一方面是因为《八百万人的实践》的作者和参加论证以及评论的参与者几乎囊括了国内外最优秀的一大批人口学家，人们自然是把它当作是一本严肃的具有相当权威和经典的学术著作，其书所提供的所有文献资料，尤其调研得来的数据和由此所作出的结论，也自然都具有极高的学术价值。但是，如果是这样，那一定误导了未来相关的学术研究。另一方面，按照《八百万人的实践》一书自然呈现的内容，中国计划生育事业本就是一项理性的决定，一派和谐与歌舞升平，——您看，在实行"一胎化"政策的时代，有不少的地区经上级部门批准可以生二胎，国家也布局了

报告》。

一批实行普遍二孩的生育政策试点，本就有着普遍二孩的计划和战略部署。遗憾的是，这都是人口学家的天真烂漫，而不是真实的中国历史。一个国家和民族要有未来，就必须善于从历史中吸取营养，而能为未来提供营养的历史必须是真实的历史，尤其是要研究历史期间被当事人有意掩盖和埋没了的历史，因为它们往往对子孙后代才具有尤为宝贵的价值。

在大致了解了《八百万人的实践》一书中的河北承德、湖北恩施、尤其是甘肃酒泉的所谓生二胎的试点是怎么一回事以后，也就大致了解了山西翼城的实验背景。

1984 年中央 7 号文件批准的国家计生委的政策，是一个生二胎的照顾面不超过 10% 的方案。我们已经介绍过，陈慕华的"一胎化"本就是农村 80% 和城市 90%，或者农村 90% 和城市 95% 只生一个的政策，所以，中央 7 号文件所肯定的王伟把照顾生二胎的比例逐步放到 10% 的政策，仍旧是"一胎化"。在"一胎化"大环境里，如果有别的地方实行宽松的 2 孩政策，其他地方的老百姓自然产生攀比心理，增加了管理者的工作难度。所以，生二胎的试点被认为是干扰面上的大政策，计划生育管理部门总是想方设法要把它取消掉。翼城县的实验发生后不久，就遇到反对的声音。1986 年 7 月，以国务委员宋健为主任的国家科委签发了呈送给中央总书记胡耀邦和国务院总理赵紫阳的研究报告，要求"收回成命，取消试点"，中央书记处常务书记胡启立竟然还真的作了同意该研究报告的批示。[136] 在这样的背景下，赵紫阳确实有过几次支持翼城实验的讲话，明确说"寄希望

---

136 "收回成命，取消试点"是原国务院经济研究中心副总干事马宾给国务院总理赵紫阳的信里的一句话，该信是作为国家科委签署的呈报中央总书记胡耀邦国务院总理赵紫阳和邓小平的《关于我国人口增长趋势的报告》一文的附录，呈报给党和国家领导人的。1986 年 8 月 4 日，中央书记处常务书记胡启立在该报告上批示说："赞成这个报告的观点。上面开口子，哪怕是合理的，下面就刮风。从现在起到本世纪末是'控'的问题，而不是'放'的问题，应坚决停止各种'开口子'的试点，坚决贯彻既定的计划生育方针。"梁中堂室藏人口与计划生育研究资料，1986071800，国家科委《关于我国人口增长趋势的报告》（86）国科发策字 0502 号。

于翼城实验"。[137] 所以，1989 年以后，翼城实验是赵紫阳的试点的说法，也并非完全是空穴来风。但是，读者已经看到了笔者前面的交代，把它简单说成是"赵紫阳的试点"，也不是事实。

1989 年夏秋之交，笔者与山西省分管计划生育工作的副省长吴达才在霍县县委招待所相遇，吴副省长给我讲了一个亲历的故事。赵紫阳事件发生后，中央派出政治局委员、国务委员李铁映督导和巡视山西。因为李铁映在国务院分工联系计划生育工作，吴达才副省长想把翼城县的实验当作山西省的一张名片向其汇报。不想吴副省长刚说出翼城县的名字，李铁映随即就怼了回去："翼城？我知道，赵紫阳的试点。"如果真的是赵紫阳的试点，赵紫阳下台了，理应被收回了。但它是一个伪命题，我理应捍卫我的学术立场。1990 年 1 月 5日，笔者在中国人口学会第五次全国人口理论科学讨论会的大会发言中，理直气壮地指出翼城试点是根据我 1979 年的学术观点争取到的学术实验。关于赵紫阳问题，我还说：

应该承认，翼城县从 1985 年试点以后，赵紫阳对试点效果是十分关注的，是支持试点工作的。但是，我们不能把赵紫阳的支持当作反对翼城实验的理由。赵紫阳作为一位在我国先后担任过国务院总理和中共中央总书记的党和国家领导人，曾决定和参与过许多重大事情。我们不能，也不允许因为他的领导或者参与就否定那些事情本身。尤其我们学术界企图借用赵紫阳而否定翼城实验，实际上是把学术政治化，是一种学术上软弱无力的表现。[138]

---

137 笔者所知道赵紫阳支持翼城实验的重要讲话有两次，一次是 1986 年 12 月 2 日在国务院召开的全国计划生育工作会议上的讲话，一次是 1988 年 3 月 31 日在中央政治局常委第 18 次（扩大）会议上的讲话。早在前一次会议上，赵紫阳就讲了对翼城的实验"我们还寄予希望"。梁中堂室藏人口与计划生育研究资料，1986120200，《在全国计划生育工作会议上赵紫阳同志的讲话》；1988041800，《彭珮云同志在中国计生协第二届三次会议开幕时的讲话》。

138 《中国生育政策研究》，第 448 页。

从此以后，翼城实验是赵紫阳的试点的话，不再被人提起了。

顺便指出，按照笔者 1979 年那篇论文里的观点，是不分城乡的普遍二胎。翼城实验的最初设计也并非只对农村开二胎，而是因为在各乡镇展开试点以后，全国形势就越来越严峻，能保住现有的实验不退回去就万幸了。实事求是地论述这个问题，翼城实验能够坚持下来，既与 80 年代以李立功为书记的山西省委对我的支持有关，也与彭珮云心底里还是主张二孩政策相关，所以无论山西省委还是国家计生委对翼城实验事实上都是网开一面的。但是，它能持续 30 年，主要的原因还是笔者持续地付出了 30 年的努力，期间不断伸张翼城试点的合理与合法性，才使得有关部门没有理由也不敢随意否定它、取消它。

翼城试点开始后不久，有关部门就为其制订了不许对外宣传的纪律。但是我知道，如果按照管理部门的意见关起门来搞实验，他们在任何时候只要想说结束就让它结束了。任何一件事物存在的理由就是它强大。所以，我当时就对向我传达这个精神的山西省计划生育委员会副主任肖玉英说："我在翼城做实验，又不是偷来的锣鼓。"30 年来，我总是在不同时期想办法宣传翼城的实验，让外界知道它，了解它。1985 年试点运行后不久，我就请新华社记者杨玉良对试点工作予以了报道，报道稿最先刊登在新华社专门呈报给党和国家最高领导人的《国内动态清样》上，后又在当时发行量很大的《内参》上转载。这样，翼城县的实验一开始就在国内外有了广泛的影响。

政府实行计划生育的目的不就是要控制人口吗？那么，控制人口的效果无疑就是它存在的最大合理与合法性的依据。继 1990 年 1 月 5 日笔者在中国人口学会第五次年会大会发言中从政治上声张翼城试点合理与合法性以后，1994 年中国人口学年会第六次年会上，笔者主要依据 1982 年和 1990 年的全国人口普查资料，从人口控制的效果上声张它的合理与合法性。我在给会议提交的《关于翼城县试点情况报告》一文里，引用数据说：

①依据 1990 年人口普查资料，1989 年 7 月 1 日到 1990 年 6 月 30 日该县人口出生率为 20.12%，死亡率为 7.3%，自然增长率为 12.82%，其中人口出生率比全国低 0.86 个千分点，比山西省低 2.19 个千分点，比临汾地区低 4.17 个千分点；自然增长率比全国低 2.08 个千分点，比山西省低 3.24 个千分点，比临汾地区低 5.52 个千分点。

②比较 1982 年和 1990 年两次人口普查的结果，翼城县总人口在 8 年中由 25.1 万人增加到 27.2 万人，两次普查期增加 2.1 万人。8 年里增长了 8.34%，比全国同期少增长 4.07 个百分点，比山西省同期少增长 5.33 个百分点，比所在地临汾地区少增长 6.16 个百分点。[139]

十分感谢《南方人口》杂志在该年第二期上予以全文刊登。那个时代的报刊和各类媒体都还很少，《南方人口》处在改革开放前沿的广州，祖国的南部大门，在海内外有着比较广泛的读者层面，这样就打破了封锁。1997 年，国际人口科学联盟在北京召开第二十三届国际人口科学大会，我与谭克俭研究员向大会提交了论文《翼城县"晚婚晚育加间隔"生育模式的实验效果分析》提交会议，从人口总量变化、人口出生率和自然增长率、总和生育率和年龄别生育率、出生婴儿性别比、人流比等多方面与其所在地临汾地区、山西省和全国对比，在国际人口学领域里声张其合理与合法性。[140] 2000 年以后，因为笔者已经改变观点，反对计划生育制度，不再积极主张推行翼城县的生育政策了，但 2000 年和 2010 年的人口普查后，笔者仍都做了这方面的研究，把翼城县与临汾市、山西省和全国对比的具体数据告诉了翼城县的同志，由他们再介绍给来此考察的各级领导和研究者，[141] 尤其是介绍给采访的记者，由各种媒体在不同的阶段和不同

---

139 《中国生育政策研究》，第 499 页。

140 《中国生育政策研究》，第 512-518 页。

141 试点运行后，即有上级政府部门和全国高校及研究机构的人对其考察，除了 1987 年 8 月国家计划生育委员会主任王伟主持召开全国农村生育政策现

的窗口上都替翼城做了宣传，对保护它的存在和继续运行都起到了至关重要的作用。

因为笔者从一开始就称呼翼城实验为试点，所以绝大多数读者也把它当作是国家计生委的其他试点相同性质的实验，其实是有偏差的。试点是新中国党和政府工作中经常会采用的一种由点到面的工作方法，其基本特点是先在个别地区的具有试验性质的工作中取得成熟的经验，再全面推广和实行。但是翼城县的实验从一开始就不

场会以外，国家计划生育委员会政策规划处副处长彭志良一行，早在 1985 年试点运行后不久就考察了翼城。1998 年 8 月国家计划生育委员会政策法规司司长江一曼和副司长石景春一行考察了翼城。1999 年 5 月原国家计划生育委员会副主任、中国人口学会常务副会长李宏规带队由中国人口学会人口政策专业委员会 10 多位人口学家组成的考察团考察了翼城。此外，中国人口学会副会长、北京大学张纯元教授，中国人口学会副会长、南开大学李竟能教授，中国人口学会常务副会长陈道，美国俄亥俄州立大学田沁源教授，德国科隆大学夏乐平（Thomas Scharping）教授，等等，也分别考察过翼城试点。作为学者的学术专著，研究翼城实验的著作有 2 本，1.谢康著《晚婚晚育加间隔性生育办法的可行性研究》，山西高校联合出版社，1995 年。2.吕世臣等著《农村二孩生育试点三十年》，社会科学文献出版社，2016 年。发表的调查报告和研究报告，据不完全统计有全国人大常委会法制委员会王文于 1986 年 2 月《完善生育政策，制定"计划生育法"的最佳选择——山西省翼城试行晚婚晚育，延长间隔，普遍放开农村二胎生育情况的调查》，刊登在全国人大法制委员会的《法治简报》上；梁中堂《关于翼城县试点的情况报告》发表在 1994 年第 2 期《南方周末》上；北京大学李建新教授撰写《山西翼城县"晚婚晚育加间隔"政策实施效果及思考》发表在 1995 年第 2 期《人口研究》上；国家统计局谢康博士《从时期孩次递进比的变化看翼城县试行晚婚晚育加间隔的生育办法的人口控制效果》发表在 1996 年第 2 期《人口与经济》上；梁中堂谭克俭的《翼城县"晚婚晚育加间隔"生育模式的实施效果分析》刊登在 1997 年第 5 期《中国人口科学》上；张纯元教授的《完善生育政策的曙光——对山西省翼城县试行两孩生育政策的若干思考》刊登在 2000 年第 3 期《人口与经济》上；张二力王丰顾宝昌娄彬彬的研究报告《山西省翼城县和甘肃省酒泉地区实行"两孩"生育政策试点情况的报告》刊登在顾宝昌王丰主编的《八百万人的实践》一书里；刘爽教授等人的研究报告《翼城县"晚婚晚育加间隔"二孩试点调研报告》收录在顾宝昌王丰主编的《八百万人的实践》一书里；韦艳张力《"发展型"或"政策型"生育率下降？基于翼城"农村二孩"试点的分析》发表在 2015 年英国《经济学家》杂志上。以上资料主要来自于梁中堂编《翼城县"晚婚晚育加间隔"计划生育试点研究资料之五〈纸上的翼城——研究者与媒体人笔下的试点工作〉》第一部分，研究者笔下的试点工作。

同于王伟时代在全国所设置的其他 40 多个试点，无论从布设的意图还是实验的内容，都是不同的。

正如笔者以前所指出的那样，计划经济和计划生育都是那些未曾经历过资本主义社会的人们的一种遐想。陈慕华就是从这一思想理念出发制订出"一胎化"的生育政策，并在这一政策基础上迅速建立起管制国民生育行为的计划生育制度的。因为"一胎化"生育政策本就违反自然规律，其本质就是靠强制推行的，但 1979 年至 80 年代初还属于自由生育向政府发放指标的计划生育制度的转变时期，那时的党中央国务院还沿袭毛泽东的传统，不允许强制。1984 年，中央还在 7 号文件里提出："要把计划生育政策建立在合情合理，群众拥护，干部好做工作的基础上"。[142] 这有点像求索方的圆，或者圆的方。王伟就是在中央批评钱信忠搞"大结扎"和强迫命令甚嚣尘上的时候担任国家计划生育委员会主任的。临危受命，寻找和探索如何才能得到方的圆，这就是王伟 1984 年设置 40 多个计划生育试点的初衷。但是，照顾生二胎的比例扩大到 10% 是王伟的底线。因为根本就没有要把政策扩展到普遍二孩的打算，所以他的 40 多个试点单位里也就没有实行二孩政策的实验，就连"女儿户"的试点也很少。[143]

笔者 1985 年在翼城设置的试点，本与王伟的试点没有关系，也不是要作政策实验的，而是源于 1984 年写给胡耀邦的《把计划生育工作建立在人口发展规律的基础上》研究报告，它要把生育政策从"一胎化"一下子扩展到晚婚晚育和普遍二孩上。当时的我还年轻，天真烂漫，以为赵紫阳和胡耀邦都对马瀛通张晓彤的研究报告做了肯定的批示，明确说如果通过计算，确实不突破 12 亿很多，就要在全国实行晚育加间隔、普遍允许生二孩的政策。因为我知道计算机的计算结果是没有问题的，但是，总书记和总理的批示都过去半年多

---

142 《中国计划生育全书》，第 24 页。
143 《中国计划生育全书》，第 702-703 页。

了，主管部门也没有要实行的动静。为什么？笔者简单以为是主管部门有诸如担心改变和调整政策后否定了计划生育工作、会挫伤基层干部的积极性、造成社会不稳定，等等。那时的笔者坚信任何事情由不合理向相对合理的方向发展，一定都能实现平稳的过渡。所以，计划生育部门不是正在设置试点作实验吗？那么，我们也用实验来回答这些问题。1985 年 1 月 14 日，笔者给中央书记处胡启立与郝建秀的报告，要求试点，就是这样发生的，所要试的是如果实行普遍二胎政策，那么社会的反应是什么，而不是生育结果。

但是，国家计划生育委员会从翼城实验一发生就把它纳入到它的试点范畴里，社会也都跟着国家计生委的指引这么看，而后发生的历史则是因为我要兑现一开始就给翼城人民所作的承诺，——既然实行了生二孩的政策，就不能让它再退回去。30 多年里，我在翼城县所做的事，大都是围绕着这一点，不要让主管部门再把试点收回去。如果在生育政策上出现了反复，那就是折腾翼城县的老百姓。而且读者意见看到，国家计划生育委员会的其他各类政策试点，也仅只是 1984 年至 1989 年这一小段期间存在过。所以，只有山西省翼城县的实验坚持下来了。有关这个问题，15 年前笔者有过一段话：

我要求试点不过是在僵局状态下运动的一枚闲散的棋子，也想在暗夜里燃起一堆篝火。当然，试点运行之后也曾幻想这只闲散的棋子能够成为支撑我们国家美好制度的一个支点，也希望由这堆篝火开始给广大农民带来光明。不管怎么说，最初要求试点只是在僵持状态下走投无路而为之的一步棋。更没有想到，这枚闲散的棋子在我国这个大棋盘上一呆竟是 20 年。[144]

因为笔者所要试验的问题是通过实行不久后就都可以得到说明的，所以，几个月后，我就请新华社的朋友来翼城考察，写了那篇具有很大影响的报道。计划生育部门从翼城试点一开始就为其制订了

---

144 《中国计划生育政策史论》，第 459 页。

不声张、不宣传的试点纪律。但是，笔者知道只有不断宣传和声张它的合理与合法性，它才有存在的价值，才能生存。否则，如果让它完全掌握在政府主管部门的手里，一个偶然的原因，一个随意的理由，他们就可以取消它，扼杀它。所以，笔者总是选择机会在不同的时机想方设法把新闻记者带到翼城，让国内外的各种媒体帮助宣传试验的效果，让主管部门轻易不敢否定它、取消它。[145]

---

145 根据笔者不完全的记录，翼城实验以后，新闻媒体对其做过采访和报道的计有新华社记者李果杨玉良 1985 年 10 月 8 日刊登在新华社《国内动态清样》的报道《人口学家梁中堂在翼城县蹲点试行"晚婚晚育加间隔"的生育办法效果良好》；中国香港《新晚报》1985 年 11 月 16 日刊登《试行计划生育的新方法》；香港英文 South China Morning Pos，Jasper Becker：A new balance born out of moderation；（南华早报 1999 年 3 月 31 日记者贾斯帕·贝克发自山西翼城的报道《温和政策带来的新平衡》）；《瞭望东方周刊》2006 年 9 月 27 日刊发记者程瑛发自山西翼城的报道《山西翼城二胎试点 20 年：优势正在萎缩》；美国《基督教科学箴言报》2007 年 2 月 27 日刊发驻北京记者付毕德（Peter Ford）发自中国山西翼城的报道《中国县城没实行"独生子女政策"却一样成功控制了出生率》；《中国新闻周刊》2009 年 2 月 6 日刊发记者杨正莲发自翼城的报道《翼城二胎化试点 20 年》；《经济观察报》2009 年 3 月 30 日刊登记者杨光发自翼城的报道《翼城县二胎试点样本》；2009 年 3 月 29 日，香港卫视《社会能见度》播报主持人曾子墨的专题节目《"生育特区"山西翼城二胎试点 20 年》；2010 年 3 月 18 日《南方周末》刊发记者姚忆江梅岭丁婷婷的文章《山西翼城：放开"二胎"25 年》；2010 年 3 月 20 日《参考消息》刊登 2 篇有关翼城实验的文章《翼城"两胎政策"试点引外媒注意 美媒称独生子女政策对多数中国人已不适用》和《"二胎"政策挑战中国人口政策》；2010 年 4 月 23 日，加拿大《伦多星报》刊发驻北京记者席勒（Bill Schiller）发自中国山西翼城的报道《中国幸运的二孩实验——结束独生子女政策的运动在积聚能量》；2010 年 9 月 25 日《参考消息》刊登英国《泰晤士报》网站上的文章《秘密实行二胎政策的地方》；2010 年 10 月 14 日《南方周末》刊登记者陈鸣发自翼城的报道《翼城人口特区：一个县尘封 25 年的二胎试验》；2011 年 9 月 23 日《山西日报》刊发记者王建科发自翼城的报道《翼城："人口特区"廿六年》；2012 年 6 月 26 日，新华社向外发送记者梁赛玉王学涛发自翼城的报道《山西翼城：被淡忘的中国"人口特区"》；2012 年 4 月 13 日《第一财经日报》刊发记者王羚发自翼城的报道《"二胎试点"翼城调查：人口反降的秘密》；2012 年 8 月 2 日《法治周末》刊登记者陈霄的文章《翼城二胎实验》；2012 年 9 月 17 日《南方日报》刊发记者闫昆仑等人发自翼城的报道《翼城模式：二胎试点的非典型试验》；2013 年 8 月 10 日新华社推送记者王学涛刘翔霄发自太原的报道《山西翼城：中国首个"人口特区"走过 28 年》；2013 年 10 月 12 日《新京报》刊发记者王瑞峰实习生陈一发自翼城的报道《山西翼城二胎试点 28 年：

　　因为翼城实验是一个未能推广的试点，所以，它的价值仅仅在于它的存在。30 多年的计划生育体制内一直存在着一个与它对立的样本，这就是它的价值和意义。计划生育曾经是新中国的一项大政策，大制度，人们迟早要从它的历史研究里吸取营养，而翼城样本是正确认识它的一个参照物。

　　30 多年里，笔者作为一个体制内的研究人员，是通过理论研究认识计划生育问题的，其中出版了《人口学》（山西人民出版社，1983 年），《论我国人口发展战略》（山西人民出版社，1985 年），《中国人口问题的"热点"：人口理论、人口政策、人口战略》（中国城市经济社会出版社，1988 年），《生育高峰期的探索》（山西高校联合出版社，1995 年），《中国生育政策研究》（山西人民出版社，2014 年），《中国计划生育政策史论》（中国发展出版社，2014 年），《马寅初考》（中国发展出版社，2014 年）等 7 部人口与计划生育著作。

　　还有更多未出版或者未能及时出版的"自印本"。仅根据新世纪以后的不完全统计，有 2005 年 6 月的《人口学新作五篇》，2006 年 7 月《"一胎化"产生的时代背景研究》，2007 年 6 月《"一胎化"产生的时代背景研究》（修订本），2007 年 10 月《论改革与改变计划生育制度》，2008 年 5 月的《毛泽东人口思想研究》，2010 年 5 月的

生育率未升反降》；2013 年 10 月 28 日《羊城晚报》刊发记者蒋铮发自翼城的报道《山西翼城试点"二胎"政策 28 年》；2013 年 11 月 12 日《东方早报》刊登记者马世鹏发自翼城的报道《翼城二胎试点 28 年：有村民想等有钱了再生二胎》；新华社 2013 年 11 月 20 日向各媒体推送记者王学涛刘翔霄来自太原的报道《山西翼城：首个二胎试点》；《解放日报》2013 年 11 月 26 日刊发记者孔令君来自翼城的报道《翼城实验二十八年》；《文汇报》2013 年 12 月 8 日刊发记者单颖文发自翼城的报道《翼城二胎试点 28 年间》；日本《朝日新闻》2016 年 2 月 5 日至 10 日连续 6 天刊发驻北京记者林望的连载报道《二胎的中国》；2016 年 7 月 8 日《人民日报》刊登记者周亚军发自翼城的报道《翼城"二孩实验"》。以上资料主要摘自于梁中堂编《翼城县"晚婚晚育家间隔"计划生育试点研究资料之五〈纸上的翼城——研究者与媒体人笔下的试点工作〉》第二部分，记者眼里的翼城实验。除此之外，因为笔者不会保存录像资料，期间不少国外，主要是美国和欧洲一些国家的电视和广播媒体的采访，都没有记录。

《人口与计划生育访谈录》，2010 年 9 月的《论"公开信"》（修订本），2012 年 3 月的《人口与计划生育访谈录》（增订本），2012 年 5 月的《"四人帮"与计划生育》，2013 年 3 月的《鹿耶，马耶？——田雪原的中央人口座谈会》，2014 年 2 月的《艰难地历程：从"一胎化"到"女儿户"》，2014 年 8 月的《人口研究与江湖术士》，2014 年的《一部恶法——论计划生育法》，2015 年 4 月的《胡耀邦与计划生育》，2015 年 8 月的《我在翼城做实验》，2015 年 9 月的《谁主沉浮？——中国现行生育政策的决策体制与机制研究》，2024 年 1 月《回首西州路——我所看见的那个刚刚逝去的人大人口学重镇；从邬沧萍教授去世说起，兼评中国人口学霸权主义》，2024 年 1 月的《马寅初研究三步曲》，等等。

还有许多次的媒体采访与访谈。除了随机性的采访以外，笔者大都把媒体提出的一些问题当作引导自己深入思考的机会，写出详细认识的文字稿，以 2013 年中央启动调整生育政策前为限，计有 2009 年 3 月 16 日与《经济观察报》记者杨光的访谈，2010 年 2 月 14 日与《南方周末》梅岭的访谈，2010 年 5 月 5 日与《长城月报》记者徐秋颖的访谈，2010 年 5 月 10 日接受美国公共媒体记者 Scott Tong 的采访，2010 年 7 月 20 日接受英国泰晤士报记者 Jane Macartney 的采访，2010 年 10 月 14 日接受英国金融时报 Patti Waldmeir 的采访，2010 年 10 月 26 日与深圳卫视"22 度观察"的访谈，2010 年 11 月 19 日接受《纽约时报》的访谈，2010 年 11 月 25 日接受携程网梁建章的采访，2011 年 1 月 12 日接受《纽约时报》Sharon LaFraniere 的采访，2011 年 3 月 18 日与美国国家事务出版公司的访谈，2011 年 7 月 2 日接受英国《柳叶刀》杂志的采访，2011 年 7 月 7 日接受凤凰周刊李光的采访，2011 年 11 月 24 日回答美国公共媒体接着的提问，2011 年 12 月 5 日接受半岛电视台的采访，2011 年 12 月 23 日接受中央电视台的采访，2012 年 2 月 19 日与社会科学报的访谈，2012 年 3 月 24 日与第一财经日报王羚的访谈，2012 年 8 月 17 日接受法治周末记者焦红艳的采访，2012 年 9 月 17 日接受南方日报闫昆仑的的采访，等等，笔者所有人口与计划生育的文字连同翼城县的实验一起，都是由 1979 年 12 月提交全国第二次人口理论科学讨论会的那篇论文引发的，但是，从上世纪末至新世纪初，笔者不再呼吁在全国推行翼城试点而改为批评和批判计划生育制度，则表明笔者思想的升华。

再回到本节文字的开头。笔者在这里是要叙述"'一胎化'政策所遭受到的质疑和抵制"，集中罗列了个人持续 30 年的努力，其内容虽说都局限于作者个人，——因为做学问本就是个人心灵上的事，所以它首先表现为个人的思想认识。当然事实不全是笔者个人。就试点工作来说，我曾强调过翼城实验没有复制性，因为它能够产生，是有一位内部人张晓彤。如果不是张晓彤在其中周旋和运作，就不会有马瀛通张晓彤给赵紫阳的报告，也不会有国家计划生育委员会同意我的试点请求。所以，张晓彤才是翼城试点的第一大功臣。1985 年试点开始运行以后，王伟和机关的个别人对翼城实验是持保留态度的，但有不少同志是支持的。为了让我能把握好方向，机关的一些同志常常主动给我寄资料，包括党中央和国务院的一些有关计划生育工作的信息，诸如中央书记处有关计划生育工作的会议记录，中央书记处的有关会议以后给国家计生委下达的事项通知，以及国家计生委的一些工作动态，等等。读者已经看到，本文所使用的不少历史资料，都是国家计划生育委员会的同志在这一个时期送给笔者的。

当然，支撑翼城试点的社会基础还是翼城县的干部和农民。1985年布设试点工作的时候，省计生委副主任肖玉英主张放到晋东南地区的高平县，省政府顾问兼计划生育委员会主任赵军则主张放到翼城县，他们达成的一致意见是让我决定，在这两个县里确定一个。我虽然是省计生委的顾问，但我知道自己的学术观点是与现行政策对立的。它所涉及的是全国的大政策，自己又是在地方工作和生活，不能与地方关系搞僵。所以，从 1978 年开始踏进这一领域，我就决定不过问地方的工作，所以对这两个县的情况都不了解。5月初，我准备从翼城县的调研开始，如果这里不很理想，与我预想的差距太大，再从翼城县经沁水县到高平县。由于县委书记不在县里，县长接待了我。说实在的，当时的县长给我的感觉很不好，久决定接着到高平县调查。临汾地区计生委主任王伯生有意拖住我，让县里赶快联系县委书记武伯琴。当我见到武书记的时候，他的一句话打动了我，他说，你就把试点放在我这里，退一步说，你的实验不成功，又能影响我们什么？我感觉这是一个明白人。实行这个政策，首先对他们来说做计划生育工作更容易了。他就要这。和明白人打交道简单。我就这样决定把实验放翼城了。

我决定在翼城做实验以后，就在县里给肖玉英打电话，要他给省委省政府呈报在翼城做实验的请示报告。但是，自后将近 2 个月，省委既没有同意也没有不同意的消息。县计生委的同志着急了，给省委写了一个《我们同十分赞同梁中堂同志的提议》的报告，到太原见我。因为我主张要省委自己决定，就把它压下了。试点开始后，乡镇干部和一大批村支书，以及乡镇和村里具体做计划生育工作的同志，都十分拥护试点政策。30 年来，我也在翼城结识了一大批干部和农民，——有些农村朋友至今还有联系。在长达 20 多年的工作过程里，是翼城县的干部群众支持了我。说实在的，如果不是翼城人民的支持，我不可能坚持那么持久。所以，翼城人民在我的心目中占据着十分重要与崇高的位置。

除了翼城县的干部群众以外，省委、省政府、省人大的绝大多数领导也是支持这一项工作的。省委书记李立功直接批示同意在翼城县试点，1988 年又直接决定派我担任翼城县委副书记，加强试点工作。读者已经看到，分管副省长吴达才是支持我的。1988 年彭珮云担任国家计划生育委员会主任以后，决定由我在翼城召开一次具有学术性的研讨会，邀请她参加会议并顺道考察，后因为省计生委主任李绍先从中作梗而未果。1988 年 11 月，在参加山西省的计划生育工作会议后，彭珮云给省长王森浩说，翼城县的会议还是要开的。彭珮云给王省长讲这些话的时候，副省长吴达才在场。第二天在计生委的大会上遇到我，特意把我拉到主席台的后面向我作了传达。省委副书记、省人大主任卢功勋也是支持翼城实验的。

　　期间国家推行一胎化政策，但社会普遍是支持翼城实验的。新华社《内参》报道了翼城实验的消息以后，北京大学人口所张纯元老师就带领一个团队实地考察了翼城的试点工作。全国人大法工委离休干部王文看到内参上的文章后，直接去翼城调研，写了《完善生育政策，制定"计划生育法"的最佳选择——关于山西翼城试点情况的调查报告》的长篇文章，刊登在全国人大法工委的《法治简报》上。在此后的许多年里，因为不许媒体采访，王文老差不多每年都去一趟翼城县，把试点情况写成调研报告，反映给国家计生委主任王伟。在学界也有许多朋友，经常去翼城帮助我工作的有山西经济管理学院马培生，山西省社科院景世民、谭克俭，等等。北大李建新、人大博士生谢康，都是比较早写文章肯定翼城县的研究人员。2000 年，张纯元教授写了《完善生育政策的曙光——对山西省翼城县试行两孩生育政策的思考》，发表在当年的《人口与经济》杂志上。中国人口学会常务副会长陈道、南开大学教授李竟能，都分别去考察并表达了支持与肯定的态度。

　　国家计生委为翼城县试点制订了不许宣传的纪律，但媒体内心里对其还是支持与向往的，不少的媒体是冲破禁令宣传翼城实验的。1985 年 10 月 8 日，作为体制内最大新闻机构新华社在其《国内动态清样》上刊登的《人口学家梁中堂在翼城县蹲点试行"晚婚晚育加间隔"的生育办法效果良好》，算是第一篇反映翼城实验的新闻稿。20 年后，笔者又安排了新华社主办的《瞭望东方周刊》记者程瑛再次冲破禁区，到翼城县实地采访并在 2006 年 9 月 27 日发表了《山西翼城二胎试点 20 年：优势正在萎缩》的新闻稿。自此，像一出打开了泄洪的闸门一样，国内外报道翼城实验的新闻再也制止不住了。据笔者的记忆，国外的《基督教科学箴言报》《多伦多日报》《朝日新闻》，以及国内《南方周末》《法制周末》《山西日报》《第一财经日报》《南方日报》《羊城晚报》《解放日报》《文汇报》等等各大报纸，都不惜用整版，甚至许多个版面宣传翼城实验，期间所有刊载翼城实验的内容都是正面肯定而没有一篇负面的批评报道，既是这些媒体以及它们身后的人民对翼城实验的认同和支持，也同时都是对"一胎化"政策的质疑和抵制。2015 年中央实行普遍二孩后，2016 年 7 月 8 日，中共中央机关报《人民日报》作为中国最大和最高级别的新闻媒体，也用了一个整版刊发了该报记者在翼城实地采访后写的文章《翼城"二孩实验"》。

如果仅仅是一个翼城试点，那它也是局限在"一胎化"政策所形成的计划生育制度的范围里。新世纪以后，笔者逐渐挣脱了计划生育制度的局限认识新中国的计划生育事业。但是，它的意义又不只局限于个人。恩格斯说过："一个民族想要站在科学的最高峰，就一刻也不能没有理论思维。"[146] 笔者从"一胎化"产生的起点开始就写文章质疑它，反对它，虽然没有多大的实际意义。但是，它的产生与存在本身就是它的价值和意义，——有了它，说明我们的民族在被一种不可抗拒的力量推动下而行将进入弯道，以及在弯道里行走的时候，曾有一个清晰的声音告诉人们那是一条弯道，并且努力证明为什么说它是一条弯道。虽然这些理论都没有被采纳和接受，但因为它在历史上存在过，那就表明他的民族还有理论思维的能力。

---

146 《马克思恩格斯选集》第三卷，第 467

第八节

"一胎化"及其计划生育制度对农民的伤害

计划生育作为我国的一项基本国策，[147] 当然不只是对农民的伤害。但是，因为中国处在由传统的自然经济向市场经济转变的起点上，新中国的城市（镇）人口所占比例还很小，并且以政府工作人员和政府所属的企业、事业单位就业者及其家庭为主体成分，都是从中国共产党革命年代的供应制度转变过来，他们的生活虽然也很清苦，但毕竟还是有保障。所以，当陈慕华提出"一胎化"的时候，城市人口中的绝大多数都选择了服从。不可否认，这种服从也是一种牺牲。不过因为选择了服从以后，就避免了国家暴力的伤害。农民则不一样。那时的中国农村仍属于自然经济，依靠自然劳动力，尤其是在陈慕华提出"一胎化"的同时，中国农村体制发生了由人民公社集体经济到家庭个体经营的转变，不用说"一胎化"有可能造成家庭劳动力的不足或断绝，即使有一两个妇女劳动力也难以胜任农民的生产与生活需要。所以，绝大多数农民都超生。超生就是以身试法，自然遭遇到国家机器的碾压。

采用国家暴力推行"一胎化"政策，这从计划生育部门的一些文献里也能看得到。1984 年 2 月 27 日，新任国家计划生育委员会主任王伟批评基层干部说：

> ……用野蛮办法，抄家、封门、砸锅、扒房子、毁坏庄稼、牵走

---

147 胡耀邦在党的十二大工作报告《全面开创社会主义现代化建设的新局面》中说："实行计划生育，是我国的一项基本国策。"《十一届三中全会以来重要文献选读》上册，人民出版社，1987 年，第 479 页。

牲畜、破坏群众的基本生产资料和生活资料，甚至围村突击，拉人游街，变相监禁群众、株连亲属、乡邻等。[148]

笔者从 1979 年"一胎化"产生之初开始就对其持批评态度，但是，却从不像王伟那样直接指责基层干部，因为基层所发生的粗暴执法，都是中央政府的"一胎化"造成的，是"逼良为娼"。早期的农村与现在的空心化的农村还有所不同，一个村的农民相互毗邻，一户看着一户。如果有一户计划外怀孕或者违反了政策生育，不按照政策规定予以处罚，以后的人们自然也不会按照政策生育。而农村邻里四舍，祖祖辈辈生活在一起，其中大多数还都属于本家本户，血缘亲缘，有一份奈何，谁下得了手？所以，大凡农村里出现强制和粗暴野蛮作风的地方，往往都是认真执行政府政策和上级意图的农村干部。另外，笔者批评"一胎化"及其计划生育制度，也不使用官方以外的资料。但从有限的几份文献里，已经能够了解计划生育对农民的具体危害。

笔者首先选择初生婴儿性别比予以说明"一胎化"生育政策和计划生育制度对新中国国家整体的危害。根据人类学和人口统计学，一般民族的新生儿正常的性别比，即男女婴儿比例大约维持在 105-106。[149] 但是，中国的新生儿性别自 80 年代初开始，一路飙升而居高不下。根据 1982 年的普查，0-4 岁组的人口性别比 107.14，其中 0 岁组 107.63，1 岁组 107.83。[150] 1990 年，0-4 岁组突升到 110.22，其中 0 岁组 111.75，1 岁组为 111.59。[151] 2000 年，0-4 岁组为 120.17，

---

148 梁中堂室藏人口与计划生育研究资料，1984020702，《王伟同志在全国省、市、自治区计生委主任会议上的总结讲话》。

149 刘铮主编《人口学辞典》，人民出版社，1986 年，第 168 页。

150 梁中堂室藏人口与计划生育研究资料，1985010000，国务院人口普查办公室国家统计局人口统计司编快速印刷本《中国 1982 年人口普查资料（电子计算机汇总）》四、年龄，第 2 页。

151 国务院人口普查办公室国家统计局人口统计司编《中国 1990 年人口普查资料》第二册，中国统计出版社，1993 年，第 2 页。

其中 0 岁组 117.79,1 岁组 122.65。[152] 2010 年，0-4 岁组性别比119.13，其中 0 岁组为 117.96,1 岁组为 121.06。[153] 新生儿中每 100个男孩比女孩多出 10 多个甚至 20 多个，除了一定程度的瞒报漏报以外，那就是农民采取溺弃的办法把女婴处理掉了。传统的历史时代，因为贫穷抚养不起，又没有节育意识和方法，弃婴是最常见的手段。新中国以后，这类现象已经很少发生了。计划生育时代溺弃女婴的现象很普遍，但很少引起政府的重视，只有浙江省副省长许行贯敢于直面这个问题。在他的推动下，浙江省计生委和民政、妇联、卫生、公安等部门组成联合调查组，于 1988 年 3 月中旬至 3 月底，对金华市、宁波市、台州地区及建德县做过一次调查，发现金华市、宁波市、台州地区及建德县扔弃在城乡各地的婴儿被民政部门收容，1987 年统计共 1485 人，其中女婴 1469 人，占弃婴总数的 98.9%；男婴 16人，占 1.1%。

1986 年和 1987 年，金华、义乌、三门、黄岩、温岭县民政部门收容的弃婴 1026 人。

1981 年至 1987 年，黄岩、温岭、金华县的三个社会福利院共收容弃婴 1349 人，其中女婴 1308 人，占 97%；男婴 4I 人，占 3%。

另外，因为一些市、县因为经费限制而无力承担，只好把一定数量的弃婴由各乡（镇）政府出钱，委托民间临时抚养，或者群众私自收养。据金华市的统计，1987 年 1 月至 1988 年 2 月共有 770 人，其中女婴 744 人，占 97%，男婴 26 人，占 3%。

据群众给调查组的反映，每年实际的弃婴人数要比上述统计还要多。[154]

以上新生儿性别比是生育结果，而计划生育的更大问题还是发

---

152 国务院人口普查办公室国家统计局人口和社会科学统计司编《中国 2000 年人口普查资料》，（上册），中国统计出版社，2002 年，第 570 页。

153 国务院人口普查办公室国家统计局人口和就业统计司编《中国 2010 年人口普查资料》，（上册），中国统计出版社，2012 年，第 265 页。

154 梁中堂室藏人口与计划生育研究资料，1988040000，浙江省省联合调查组《关于我省部分地区弃婴溺婴情况的调查报告》。

生在国民的生育过程中，——生育自由是人类社会的传统，计划生育
要逆转自由生育，自然与民众发生冲突。1989 年 12 月，国家计划生
育委员会主任彭珮云向中央申明，"独女户"政策是党中央的政策，
不是赵紫阳的政策，从而要把农村的生育政策从原来的"一胎化"
扩展为大约一半的农民可以生两胎。国家计划生育委员会在给中央
的报告后面，附了一份反映计划生育工作与人民群众对立而发生恶
性事件的材料。该文说：

由于现行的计划生育政策与农民的生育意愿还存在一定的距
离，一些基层干部为完成人口计划采取的方法较简单，因此在一些地
方党群关系、干群关系相当紧张，有时表现得十分尖锐。基层干部犹
如坐在"火山口上"做工作，他们及其家属受侮辱，被殴打，财产被
毁坏，甚至被杀害的事件时有发生。

据湖南省不完全统计，自一九八六年，以来因计划生育而发生的
恶性事件972 起，2100 余人被打伤，其中 3 人被杀害。今年以来发
生了 110 起，145 人被打伤，2 人被杀害，仅隆回县就发生了 14 起。
湖北省近几年来被伤害者达 2000 多人次。贵州省今年发生 569 起，
其中基层干部被杀害的恶性事件 4 起，爆炸事件 5 起，挖祖坟 2 起，
4 人死亡，5 人残废。浙江省建德、苍南、安吉三个山区县一九八八
年发生 105 起，250 余人被打。就连全国计划生育工作开展最早、最
好的上海市，今年也出现了前所未有的伤害基层干部的事件。

这些恶性事件惊心触目，如云南省昭通地区镇雄县社员曾庆忠
已有 7 男 1 女，一九八五年以来超生二胎，乡、村干部对他做了许
多工作，他还是拒绝做绝育手术和按规定交纳超生费。曾一九八七年
因打伤计划生育工作队的干部而受到罚款处理，因此怀恨在心，经常
随身带着凶器。今年八月计划生育工作组再次上门动员曾做结扎，曾
闻讯躲避。鉴于曾态度顽固，影响恶劣，工作组决定拉走他家的一匹
马，抵作超生罚款，在途中遭到曾的拦截。曾一边破口大骂，一边用
铜拐杖打工作组的干部，并用匕首将计划生育宣传员朱恒仕刺死。

贵州省六盘水市大成县农民叶荣喜（苗族、文盲）已有三个女孩。

今年五月，区计划生育工作组动员叶作结扎并交纳超生罚款，叶闻讯后躲避。工作组拉走他家的牛作为抵押，叶知道后气急败坏地与其弟弟前往抢牛，未遂，便扬言要与工作组同归于尽。几天后叶在乡政府点燃两个自制的炸药包，乡党委书记当场被炸死，区武装部长被炸成重伤。

湖南省临乡县长安村村民李再举已有 5 个女孩，其妻又怀第六胎。乡计划生育工作队动员其妻做人工流产。李思想不通，携带 2.6 公斤炸药，在点燃引爆时被乡党委书记发现并及时制止，工作组才免遭灾难。

四川自贡市联络乡徐永明之妻超计划怀了二胎。今年四月，计划生育宣传组动员其做人工流产，徐夫妇外逃。宣传组要求徐父交 300 元押金，找回人就还钱。徐父与兄外出只借到六角钱，宣传组不依，便拆徐家的堂屋，并拿走堆在堂屋里徐兄的木材。徐兄愤怒地用篾刀连砍五人，其中四人重伤。

浙江省丽水地区云和县梅源乡团委副书记兰瑞龙等四人因动员怀第四胎的村民兰金玉做人工流产。遭到兰家夫妇、亲属及村民的谩骂殴打，用粪便泼他们，一些人还将兰瑞龙按入粪缸，往口中灌粪。兰瑞龙还遭到七、八人拳打脚踢，并扬言要割掉其生殖器。兰瑞龙身心受到极度摧残，精神已失常。

今年八月安徽章杜乡一农民计划外怀孕，干部动员女方作了手术，男方思想不通，服农药死亡。一百多名围观群众对乡党委书记和计生干部大打出手，并让他俩跪在死者身旁烧纸，还当众剥光女干部的外衣，让她用内衣给死者擦身。乡党委书记被打伤，女干部伤势严重，精神受到严重打击。

广西壮族自治区来宾县巩桥乡一九八七年四月招聘的计生干部谭玉才，自参加计生工作以来，他家先后两次被人烧掉柴草510捆，稻田里的水常常被人偷偷放干，青苗被人糟蹋，夜里数次被人用石块砸坏瓦片和房屋。一头水牛被人活活毒死。家里的围墙和门楼也曾被人放火烧毁。他曾在半路被人拦截辱骂和殴打。他的妻子和小孩也常常受到歧视和辱骂，不敢出门。

　　一些基层干部家属的生命也受到威胁。如成都市金堂县村民王金芳超计划怀了第三胎，经村长卿烈富（男、33 岁）动员做了人工流产，一直心怀不满。一天他乘卿家无人，将卿 5 岁的独生儿子骗到家中掐死，扔进粪池里。辽宁省营口市腰屯村妇女主任候亚凤（曾多次被评为先进工作者）的丈夫被该村唯一的超生二胎户曹洪喜打死。

　　有的人对计划生育干部有刻骨仇恨，甚至死了也不放过。去年重庆市大足县发生了一起刨坟剁尸案。死者肖梓南生前是全国计划生育先进工作者，区计生办主任，于一九八六年四月病逝，土葬于该区。他的尸体被人偷偷折断手臂，还剁下头部放在大腿之间。

　　在一些地方还出现了聚众闹事、集体围攻、伤害基层干部的事件。如今年四月，湖南隆回县计划生育工作队到该县大观乡开展工作。村民邱正友不但拒绝交纳罚款，还纠集数百人围攻工作队达十小时之久，打伤 2 人。当晚八发展为该乡 8 个村 2000 余人围攻、殴打驻村的工作队干部，哄抢罚没物资，致使工作队 33 人被打伤，其中 5 人重伤。这些人还将公路挖断，企图阻止伤员运 6 治疗。由于县政法部门干涉，才平息了这一事件。[155]

　　这是国家计划生育委员会叙述的计划生育与人民的冲突，我们再看一篇由新华社记者描述的基层政府是如何做计划生育管理工作的。

利辛县孙庙乡计生办私设"土牢"关押农民

　　（新华社记者　徐金平　白海星）

　　新华社合肥讯　安徽省利辛县孙庙乡计划生育办公室以办计划生育学习班为名，私设"土牢"，近两年非法关押农民达数百人次。

　　记者日前走进孙庙乡计生办，穿过三重院落、两道铁栅门、一条

---

155 梁中堂室藏人口与计划生育研究资料，1989120700，国家计划生育委员会《关于计划生育工作中几个重大问题的请示》国计生厅字[1989]291 号。

狭窄过道，终于找到这座"土牢"。里面有三间相通的房间，每间约14平米，左右厢房的窗户都已用砖块封死，只要中间厅堂的大门一关，里面就漆黑一团。一进门，一股恶臭扑鼻而来，蚊蝇轰然而起，地上是砖块、稻草、烂鞋子和已经干瘪的粪便。在这里，计生办拘禁关押的农民多时达七八十人，且男女老少混杂一起，许多被关押过的农民说起"土牢"里的日子仍然心有余悸。

高唐集村农民李炳灿的老伴在这里被关押了一个多月。她说，在关押期间，每天除了三次吃饭的时候可以出来放放风，其余时间都关在黑屋里面。里面备有一两只木桶，供男女大小便使用。她被关押时正值麦收前，天气闷热，3 间黑屋里始终关押着几十号人，人多的时候，连桶上都坐上了人。早晨醒来，身上粘得又是屎又是尿，长尾巴蛆到处乱爬。后来实在熬不住，就托了个"人情"，才把睡觉的地方挪到门口。曾在 1999 年 5 月被关押了 3 天的夏营村原村长张仪告诉记者，有一天他一个早晨竟从墙缝、砖缝、被子和地铺的稻草里捉到40 多条蛆。在这样的环境下，许多被关押的农民得了病。病情较轻的农民就吃点药打个针之后继续关押，实在撑不住的可以放出去，但必须找一个家里人来顶替。

在这座"土牢"里，高唐集村农民马引生下了她的第二个女儿。她 1999 年 2 月 7 日被带到计生办，经过一路折腾，已进入临产期的马引当晚就感到不适。好在被关押的三十多个男女农民中有位 50 多岁的老太太帮助接生，马引总算在次日凌晨产下一个女婴。但当马引的丈夫找到计生办负责人，提出可否找个人顶替马引，先让母女回家调理时，这个负责人却说，马上交 1 万元罚款，不用结扎也可以放人，否则马引必须关在计生办，直到结扎为止。计生办还把前来探望的马引父亲关了起来，到第二天才放回去。万般无奈之下，马引只好在产后第三天先把女婴送回家，自己随计生办人员到县城去做手术，但因血象太高被医生拒绝。马引在"土牢"里度过了 1999 年春节，在产后第 11 天到县城做完绝育手术，才被放回家。

许多被关押的农民并非当事人，而是亲属，这就是当地群众所称的"株连九族"政策。汝寨村农民汝富彪的大儿子于 1999 年被认为违犯了计划生育政策，由于汝富彪当时正牵头给乡里装修房子没办法关押，计生办干脆把汝富彪的亲家翁关进了黑屋，直到一个多月以后交了 5000 元才放回家。

这里罚款也极为混乱，一是大部分农民交钱以后没有拿到任何收据。二是除了按规定收取的计生罚款，每个被抓到计生办的农民还要额外支付交通费数 10 元到 100 元，每天的学习费 20 元。用农民的话说就是"人带到计生办，不管有没有违反计生政策，不交点钱就别想出来"。今年 70 岁的孙庙村农民罗芝合，由于拿不出二儿的计生罚款，竟被关押了六七个月。关押期间，罗芝合的老伴由于心急上火等原因，造成双目失明。为照顾老伴，罗芝合每天为计生办干一些清理厕所、打扫办公室卫生等杂活，以此作为每天回家做三顿饭的代价，饭后还要返回"土牢"。

更离谱的是，计生办人员有时竟采取"放水养鱼"的政策。汝寨村农民马月荣说，她三儿媳妇怀第二胎时，计生办负责人告诉她，只要交 3000 元就可以对这事睁只眼闭只眼，不然就让她儿媳妇去流产。等到钱交了，小孩也生了，计生办却又把马月荣关进黑屋里，要求她必须再交 8100 元。拿不出钱的马月荣因此被关押了两次共达数月之久，最后看到实在榨不出油水，才把她放了回来。

孙庙乡党委书记李保福告诉记者，计生办关押人的事情在 1998 年以前发生过，但自 1999 年以后绝对没有发生，计生干部都是在按照国家和省里的有关政策依法行政。但记者了解到，就在今年 5 月 18 日，并未超生的程新村农民程允、程西亭等 6 人仍被带到计生办，直到次日每人交了 50 元不明不白的费用之后，才被放回来。知情的农民告诉记者，这次收这么点钱、时间这么短就放人，据说是这几天上面要来人检查工作，不然，哪会这么"便宜"他们。[156]

下面是从主流媒体摘引的两段报道。

---

156 新华通讯社《内参选编》，2000 年第 23 期（6 月 14 日），第 13-14 页

博白县群众围堵乡镇政府群体性事件已得到控制[157]

人民网广西视窗 5 月 24 日电　今天上午，玉林市人民政府新闻办公室在玉林举行新闻发布会，市政府秘书长、市政府新闻发言人郭成球就博白县"5.17"事件作了情况通报。以下是通报的内容：

5 月 17 日至 19 日，博白县部分乡镇发生了群众围堵乡镇政府机关的群体性事件（简称 5.17 事件）。事件发生后，经区、市、县以及所在乡镇党委政府妥善处置，目前事态已得到控制。

5 月 17 日上午 10 时 30 分，按照国家计划生育政策法规的规定，博白县顿谷镇计划生育行政执法工作组到顿谷镇一超生户李某家中做计生思想工作，动员其依法缴交社会抚养费。但该超生户不予配合，拒不缴交。工作组暂扣押其部分经营商品，并请李某到镇政府进一步做思想工作，至下午 4 时经过思想工作，李某表示愿意配合即离开政府。当天傍晚 7 时左右，受不法分子唆使，约数百名不明真相的群众围堵该镇政府机关。18 日、19 日永安镇和沙陂镇在幕后策划者的煽动下，也出现不明真相的群众围堵冲击镇政府机关现象，并出现了不法分子打、砸、抢、烧等违法行为，围观群众最多时达到 2000 人左右；另有水鸣、大垌、那卜、英桥 4 个乡镇先后发生类似围堵事件，部分镇政府机关或计生服务所的门窗、交通工具、办公用品被烧毁、损坏。

5 月 19 日至 20 日，浪平、江宁、菱角等 9 个乡镇均有部分群众在赶圩时聚集乡镇政府，询问有关计生政策。经各级干部面对面做解释工作，宣传法律政策，这些群众自觉散去，均没有过激行为。

事件发生后，自治区、玉林市、博白县党委政府迅速组织工作组分赴博白县各乡镇，进村入户做群众思想工作，开展政策宣传，并派出公安干警到当地维持秩序。国家计生委也派出工作人员赶到博白

---

157 选自 2007 年 5 月 24 日人民网，
　　http://gx.people.com.cn/GB/channel2/200705/24/1332065.html。

县了解和指导工作。在事件中工作人员和公安干警始终坚持说服教育，耐心疏导，深入细致做群众工作，没有与群众发生冲突，没有群众受伤，在整个事件中有21个工作人员和民警被不法分子用石块砸伤，其中一名民警受伤住院无生命危险，事件没有造成人员死亡。事件共刑拘犯罪嫌疑人28人，其中变更为监视居住强制措施的23人。从5月21日到现在，没有出现围堵政府机关的事件，事态已经平稳，生产生活秩序正常，社会保持稳定。特别值得提醒的是，最近境外一些媒体把博白5.17事件描述为"警察用高压水枪冲散群众，有多名学生被踩死，事件有5人死亡"，并指博白县"为了完成计生任务，把60多岁的老妪和中学少女都拉去结扎……"这些报道是完全不符合事实的，是没有根据的。

在这次事件中，出现了不法分子借机串联煽动、制造谣言、挑拨群众参与闹事，也出现了伪造假文件蒙蔽群众以及搞打、砸、抢、烧等不法行为，严重影响了有关乡镇机关正常的工作秩序，在社会上造成了很坏影响，同时也暴露了一些基层干部在具体工作方式方法上存在某些方面的问题。我们将从这次事件中，认真总结，检查反思，狠抓整改，切实转变作风，改进工作方法，更好地推进各项工作健康有序开展。

当前我们正在抓好善后相关工作：

一是加强对维护稳定和有关法律法规的宣传，做好舆论引导，使广大群众理解党和国家的各项政策，做知法守法的公民。

二是加大服务基层服务群众工作力度。组织干部深入基层，进村入户，倾听群众意见，反映群众呼声，切实帮助群众解决当前生产生活中的实际困难和问题，多为群众办实事好事，理顺情绪，化解矛盾，维护社会稳定。

三是对于受蒙蔽不明真相的群众，要加强法制教育，使其认清参与围堵活动的危害性，增强辨别是非的能力。

四是对做群众工作尤其是计生工作，方法简单粗暴的工作人员要严肃批评，涉及违纪违法的要严肃处理。

五是对极少数带头闹事、搞打砸抢烧、伪造假文件蒙蔽群众，尤其是幕后组织策划的违法分子，要依法惩处。

六是继续坚持贯彻计生基本国策不动摇，依法依规做好计生工作，做到依法行政，文明执法，有效促进计生工作顺利开展。

七是坚持"两手抓"。在全力维护社会稳定的基础上，坚持以经济建设为中心，抓住机遇、加快发展，努力保持全市经济社会又好又快发展的良好势头。（完）

广东普宁："二孩夫妇"亲属被关小屋逼迫结扎[158]

2010 年 4 月 7 日，广东省普宁市启动了"二孩结扎专项行动"，随后几日，各乡镇、街道为完成任务，动员外出务工的"二孩夫妇"回乡结扎，并动用了"超常规措施"——派出计生工作人员下乡入户，带走"外出二孩户"的亲属（绝大部分为留守老人），置留于各乡镇、街道办公所在地。

4 月 11 日、12 日，记者暗访普宁市洪阳、大坝、燎原、池尾四镇街，证实这些镇街办公地点内确有节育对象或其亲属。

对于群众所说的"关人"，普宁市计生局称之为"办班学习"。截至 12 日上午 8 点，普宁市正在"学习"的节育对象有 1377 人。

"办班学习"

记者离开洪阳镇，前往大坝、燎原、池尾暗访，证实了黄锐丰"关人的不止洪阳镇一家"的说法

10 日晚，记者来到普宁市洪阳镇后，借口看亲戚，混进了该镇计划生育服务中心旁一座二层住宅。当地居民告诉记者，这看似平静的建筑里置留了很多群众，大多是老实巴交的农民，他们被困于此是因为其外出务工的亲属生育二孩后没回乡结扎。

---

158 选自 2010 年 4 月 15 日中国网，http://news.xinhuanet.com/legal/2010-04/15/c_1235267.htm。本节记者配有多帧图片，因引者技术水平原因未能截图下来，特致歉意。

当晚，记者进行暗访，证实了上述说法。被三名看管人员放进去后，记者看到：约 200 平米的房间置留了近百名群众，男女老幼混杂在一起，多为老人；房间里很潮湿，因为人多，空气有些污浊；地上铺了几张凉席，但容不下所有人躺着睡觉，年轻点的就只好站着或蹲着；由于被褥也不够，很多人都蜷缩着避寒。

几分钟后，一名看管人员喝斥记者赶紧离开。临走前，记者偷拍了一些照片。

68 岁的黄再赐就在这间屋子里。10 日上午 8 点多，黄再赐在家中被洪阳镇计生工作人员带走，连累他的是其子黄锐丰。黄锐丰夫妻生育了三个女儿，一家人现定居深圳，经营农副产品。

黄锐丰说，几天前，村干部打电话通知他，让他或他爱人回洪阳结扎，否则镇计生办就要带走其父。黄锐丰不同意，他的理由是生意忙，而且乡镇计生服务中心的医生"水平比较低"，更重要的是，黄锐丰渴望老婆给他生个儿子。他决定与镇计生办周旋，拖延一下时间。

黄再赐被带走的翌日（11 日），黄锐丰趁夜色回到洪阳，走进了那座二层民房，给父亲送去干净的被褥。

12 日上午，记者离开洪阳镇，前往大坝、燎原、池尾暗访，证实了黄锐丰"关人的不止洪阳镇一家"的说法。

大坝镇政府院内，镇社会治安综合治理办公室旁的三间平房里，置留了 30 多名群众。在一间平房里，记者看到，一名母亲正在哄小孩，孩子看上去不足两岁；燎原镇计划生育服务中心的电教室同样置留了 10 多名群众，电教室旁边就是结扎手术室；池尾街道办事处院内，办公大楼底层的两间房（男女各一间）也有近 20 名群众置留。

为什么要置留这些群众？

普宁市计生局是这样表述的："对不自觉落实节育措施的节育对象进行办班学习；对节育对象外出的，动员其亲属办班学习。"据透露，截至 12 日上午 8 点，普宁市参加"办班学习"的节育对象有 1377 人。

12 日晚，普宁市分管计生的领导介绍，这次"二孩结扎专项行动"的难点是"如何做好那些外出务工二孩家庭的工作",为此,政府动用了一系列"超常规措施",具体包括"那些不回乡结扎的二孩户,我们会取消该户以及亲属的宅基地申请,取消他们的年终分红,不给他们的孩子上户口"。

上述市领导没有提到"办班学习"是否属于"超常规措施",但记者从很多二孩户口中得知,取消宅基地申请或年终分红的威慑力有限,羁留相关人员才是真正有效的措施。

"阶段性显著成效"

截至 12 日上午 8 点,短短五天,普宁市落实结扎例数约占总任务的一半

"办班学习"确实起到了作用。记者从普宁市计生局了解到,截至 12 日上午 8 点,短短五天,普宁市落实结扎例数约占总任务的一半。

广太镇镇长钟应裕介绍,截至 12 日傍晚,该镇二孩结扎专项工作进展顺利,13 日晚可全部完成。

各乡镇计生服务中心的工作量也能体现此次行动的成效。大坝镇计生服务中心的曾医生介绍,他们每天上午八点开始工作,一直忙到翌日凌晨四点,然后睡四、五个钟头,再投入工作。

对于普宁的"二孩结扎专项行动",当地一份报纸近日用多篇新闻为其鼓劲,用"计生工作取得重大突破""计生工作取得阶段性显著成效""超常规措施,计生被动局面被迅速打开"等字眼,高度评价普宁的专项行动。

"硬任务、死任务"

普宁必须要完成升级,不能拖揭阳乃至广东计生工作的后腿,这是最大的任务

普宁铁腕抓计生不是没有来由的。

作为被省计生工作会议点名批评的后进市,普宁必须在 2010 年

内从一个三类县市升级为二类县市，这是"揭阳市委、市政府交给普宁的硬任务、死任务"。揭阳市委主要领导曾表示："若任务没有完成、局面没有扭转、目标没有落实的，不管其他工作做得如何、资历多高，该免职的坚决免职，该撤职的坚决撤职。"

普宁有 224 万人，是粤东五个计生后进县（市、区）之一。今年，广东省委、省政府提出"力争 2010 年全省人口计生工作基本达到全国先进水平"，因此，普宁必须要完成升级，不能拖揭阳乃至广东计生工作的后腿，这是最大的任务。

但普宁的确存在实际困难。

普宁市计生局局长洪宇梁介绍，普宁计生工作之所以落后，原因有几点：首先，普宁的人口基数大；其次，群众传统的生育观念根深蒂固，与计划生育的政策要求尚有一定距离，计生的思想动员工作难做；第三，群众没能深入理解"一孩半"的计生政策，不理解"首胎女孩，可生第二胎，首胎男孩，不可再生"的规定，一些群众见到其他家庭可生育二胎，容易跟风；第四，普宁外出务工人员多，育龄人口外出比例达到三成，这部分对象的节育政策如何落实是难题。

工作难做，但不得不做。

普宁的"二孩结扎专项行动"目的就是彻底扭转计生工作的被动局面，该行动要于 20 天内，即在本月 26 日前，完成 9559 例二孩结扎。上级领导对此高度重视，9 日晚至 10 日晚，揭阳市委书记陈弘平到普宁 28 个乡镇（街道、场），督促落实"二孩结扎专项行动"。也许是感受到了压力，一些乡镇主动将专项行动的期限由 20 天缩短到两周，作为先进典型的广太镇更是将期限缩短到一周。

不得不做，又该如何做？

当地的各级官员都强调了一点——就是采取"超常规措施"。

有些没落实"超常规措施"以致未能完成任务的基层干部，成了此次行动的问责对象。记者了解到，截至 4 月 12 日，普宁已处理干部 63 名，其中包括 1 名被停职的镇委书记。

12 日晚，记者在大坝镇政府内采访。期间，能清楚听到窗外大坝镇计生工作队集结的口令。当晚 10 点，黄锐丰告诉记者，洪阳镇的计生工作人员当晚又下乡带走了有关人员了。铁腕行动仍在继续！

笔者所摘引的计划生育对农民伤害的信息与实际发生的，不及其万分之一。读者已经看到，笔者把中国共产党取得国家政权的原因归结到依靠农民，而"一胎化"生育政策及其管制国民的计划生育制度却严重侵蚀甚至是动摇了这个根基。

第九节

党中央国务院对陈慕华的"一胎化"政策的修正

陈慕华提出"一胎化"之初，因为与人类传统的自由生育的冲突，所以不只是人民群众对其有怀疑、抵触和反对，就连中央层面的一些领导也有所怀疑。前面批评田雪原"中央人口座谈会"时曾说过，1980年4月，中央书记处决定由冯文彬召开中央办公厅人口座谈会的目的，就是征求专家的意见，看实行"一对夫妇只生一个孩子"的政策可能产生什么样的后果？表明中央高层的担心和忧虑。

党和国家领导人对"一胎化"政策的怀疑和忧虑，还反映在陈慕华为中央书记处1980年6月26日的计划生育工作汇报会做准备时写给陈云的求援信，以及1980年9月25日产生的《中共中央关于控制我国人口增长问题致全体共产党员、共青团员的公开信》等历史事件的过程里。

以胡耀邦为总书记的中央书记处是在1980年2月23日至29日召开的十一届五中全会上产生的[159]，这是对文化大革命以来的中国共产党中央机构的一次重大变革。新设置的中央书记处安排中央各个部门向书记处汇报工作，一方面是对接新建立的中央书记处与中央各个领导机关的领导与被领导的组织关系，另一方面也是刚刚走到中央书记处领导位置的新的领导人调查研究和熟悉各项具体工作的一个实际步骤。但是，至少因为冯文彬的座谈会所反映的对"一胎化"生育政策的疑虑，陈慕华在为书记处汇报会做准备的过程里表现出某种程度的不安和不自信。

---

159 人民日报，1980年3月1日，第一版。

6 月 13 日，陈慕华将起草的汇报提纲呈送给党中央副主席陈云，并附了一封信给陈云说，提纲里引用他去年关于"只准生一个"的话是否正确？6 月 14 日夜，陈云给陈慕华复信说："你引的我去年讲的话没有错。""我认为提倡只生一个孩子是眼前第一位的工作。至于由此而产生一些问题则属于第二位的问题。"第二天清晨，6 月 14 日，陈云又给陈慕华写了一封信，强调要把限制人口、计划生育列入国家计划。[160] 陈慕华玩弄了一个小伎俩，——引用陈云 1979 年 6 月 1 日给上海市领导的谈话说"就只准生一个"，足以堵住反对者的口。但是，陈慕华与陈云之间的书信往来，恰好说明陈慕华的"一胎化"政策不是源于陈云。否则，如果"一胎化"来自于陈云，那就简单多了，直接引以为据——"根据陈云副主席的指示，计划生育实行了'一胎化'的政策"。陈慕华向陈云求证本不需要求证的事件，反而暴露这一重大政策并非来源于陈云。

历史往往显示出十分诡异的一面。那还是文化大革命以后不久的时代，强调"东西南北中，党是领导一切的"，而党的领导是通过下达"红头文件"实现的。1978 年陈慕华得到的 69 号文件"最好一个最多两个"，本就是一份红头文件。但仅半年多，她又向前迈了一大步，进而提出"一胎化"，那份红头文件所刊载的"最好一个最多两个"反而成了新政策的障碍了。所以，1980 年的陈慕华是要谋求中央颁布一个承载着"一胎化"或者"一对夫妇只生一个孩子"的"红头文件"的。但是，尽管胡耀邦也是接受了邓小平和陈云关于中国人口太多，要尽快把人口降下来的思想观点，也急切想把人口增长很快地降下来，却又对推行"一胎化"存有疑虑。1980 年 9 月 25 日的《中共中央关于控制我国人口增长问题致全体共产党员、共青团员的公开信》，就是在这样的背景下产生的。[161] 虽然以陈慕华为首的计

---

160 《陈云年谱》下，中央文献出版社，2000 年，第 259 页；《陈云传》（下），中央文献出版社，2005 年，第 1596-1597 页。

161 虽然以陈慕华为收的计划生育部门利用"公开信"又把"一胎化"政策推到了一个极高的阶段，但是，它不能掩盖胡耀邦的初衷。胡耀邦在后来的一

划生育部门利用"公开信"把"一胎化"推到了一个前所未有的高度，但是，如果把"公开信"放到它所存在的历史过程里，作为 1979 年 6 月陈慕华提出"一胎化"与 1982 年 2 月中央 11 号文件之间的一个节点来看，就不难发现它"是我国计划生育政策由'一胎化'向现行生育政策发展过程中的一个缓冲和过渡，拐点和转向路标"。[162]

以胡耀邦和赵紫阳为代表的中央一线领导着手修正和改变陈慕华的"一胎化"生育政策，是 1981 年 6 月 27 日至 29 日的党的十一届六中全会解决华国锋问题和胡耀邦担任中央主席以后。1981 年 9 月 10 日，中央书记处召开 122 次会议研究计划生育政策。赵紫阳在会议上着重就农村具体生育政策发言说：

有人告诉我，真正在农村不超过两胎，到本世纪末，人口年增长率不超过百分之一。中国能做到这一点，就很了不起了。我们的国民经济年增长率是百分之四以上，人口增长百分之一，我们的人口就没有什么危险，就比较稳妥。

中心问题要讨论清楚。我在四川从来没有提农村实行一胎化。城市里面肯定可以做到。肯定不要开一胎化这个闸，农村里面要有一个合理的要求，要有一个比较坚定的长期的政策。如果农村政策严重脱离实际，即使一个地方，一个时候，搞出点东西来，不能持久下去。我跟慕华同志谈过，这是一个大政策，如果我们定政策定到一个不可能的基础上，最后会变成严重的自流，人口会泛滥。农村不能总是长时期定在过去的基础上。不能因为搞计划生育，而不实行生产责任制，把各方面的螺丝都拧得很紧。

次会议上说："公开信是我提出来的，当时一方面看到思想不通，一方面看到强迫命令很厉害。计划生育的成绩要肯定。不是说计划生育不重要，现在担心难以为'计'，一个是群众跑反，一个是干部不管。"梁中堂室藏人口与计划生育研究资料，1981091000，《赵紫阳、胡耀邦等同志在中央书记处第 122 次会议上关于计划生育问题的发言》。

162 《中国生育政策史论》，第 255 页。对"公开信"有兴趣的读者，建议阅读笔者的《中国生育政策史论》中的两篇论述"公开信"的文章，以及笔者 2010 年 12 月的自印本《论"公开信"》（修订本）。

现在农村的计划生育有两个问题：第一，实行责任制后，计划生育如何适应新的情况，防止自流状态。现在相当一些地区责任制落实以后，自流了，搞不好，几年之后人口会大泛滥。基层干部撒手不管，有什么办法？正是为了解决这个问题，必须在政策上适当地放松，同时又抓紧工作。政策适当放宽，和多数农民取得一致，我们的计划生育还有希望。如果不注意这个情况，结果我们相当一些地区，包括四川，会出现自流。至于政策放宽到什么程度，有两个方案：第一，干脆提倡一胎，采取切切实实的办法来鼓励，农村还是有些人响应，可以生一胎。还有一些人因为生理上的原因只能生一胎。还有不能生的。剩下的可以生两个。第一个生女孩子，第二个还生女孩子，再生不行了群众舆论也通不过。真正做到这一点，农村最多超不过百分之二。这样搞可能解决大问题，经过工作，跟相当多的农民站在一起，避免严重的强迫命令。现在我们要注意，真正工作抓得紧的，强迫命令相当严重。在中国这么一个国家，只要一胎是不可能的。只强调一胎，命令主义还要大发展。四川的命令主义够严重的，相当一些地区，跑到外地去生，生了以后带回来，你能把她杀了？

第二，也可以考虑另外一个办法，一般的还是一胎，但是第一胎生了女孩，可以同意再生一个。这样讲有个毛病，公开承认重男轻女，好像生女孩子不算孩子。文件上不能这样写，可以用另外一个话，比如说某些思想上实在不通，也可以批准生第二个。

城市生一胎，农村提倡一胎，允许两胎，杜绝三胎，或者农村一般也是一胎，某些思想特别不通的可以两胎（实际上指第一胎是女孩子，还可以生一胎）。万里同志主张，这个话不要讲，可以叫基层干部掌握。

总而言之，为了真正把计划生育工作搞下去，我们的政策必须放在农民能够接受的基础上，避免严重的强迫命令，避免自流。如果政策不符合农民的实际，会从另外一个方面助长自流，基层干部走不通就撒手不管。特别是在农村实行责任制的情况下，如果我们不针对这个实际，定的越严，人口会越多，最后大泛滥，这就是辩证法。搞包产到户，搞责任制以后，根据新的情况，抓紧工作，政策上从农村实际出发，这样下去，人口不一定像刚才讲的那样。应该看到，这几年搞计划生育有点基础了，农民不一定要求多生。

搞包产到户，搞责任制以后，做计划生育工作，除了政治上进行宣传教育外，主要还是经济上的奖励和惩罚。比如独生子女包产可以低一点，田可以多包一点。超过两个，不允许生的生了，经济上罚，交多少公益金、公积金。甚至可以考虑正式立法，农村超过两胎的，城市超过一胎的，征一道税。罗琼同志有个材料，如果在农村只准生一胎，独生子女有优待，农村生产队矛盾解决不了，生产队的负担也吃不消。有些可以生两胎，有些可以生一胎，经济上负担不一定那么大，矛盾也少。

中心是这个问题，集中议这个问题。[163]

赵紫阳的观点很明确，城镇实行"一胎化"，农村则有两个方案可供选择，一个索性允许农民生二个，另一个是"女儿户"。此外，王任重提出少数民族问题。他说"赞成紫阳同志的意见。少数民族也要提倡计划生育，也要立法，允许生三胎。"

因为参加会议的各位领导有分歧，譬如谷牧就赞同"女儿户"，习仲勋就赞同第2方案，允许农民生两个。主持会议的总书记胡耀邦决定请陈慕华根据赵紫阳提出的这两种方案，走走群众路线，找有关的专家和基层同志讨论后，10月底拿出一个简明扼要的文件，先发给各省、市、自治区党委征求意见，然后在11月中央工作会议上，再征求各省、市、自治区党委书记的意见。[164]

因为是一项二择其一的选择题，在陈慕华的主持下，最后就形成了以相对严紧的"女儿户"为核心的计划生育政策。1982年2月9日，中央以11号文件的形式颁布"红头文件"，其中有关生育政策

---

163 梁中堂人口与计划生育研究资料，1981091000，《赵紫阳、胡耀邦等同志在中央书记处第122次会议上关于计划生育问题的发言》。

164 梁中堂人口与计划生育研究资料，1981091001，《中央书记处第一百二十二次会议（一九八一年九月十日）有关计划生育工作给国家计划生育委员会的决定事项通知》。

的规定是这样表述的：

> 国家干部和职工、城镇居民，除特殊情况经过批准者外，一对夫妇只生育一个孩子。
>
> 农村普遍提倡一对夫妇只生育一个孩子，某些群众确有实际困难要求生二胎的，经过审批可以有计划地安排。不论哪一种情况都不能生三胎。
>
> 对于少数民族，也要提倡计划生育，在要求上，可适当放宽一些。具体规定由民族自治地方和有关省、自治区，根据当地实际情况制定，报上一级人大常委会或人民政府批准后执行。[165]

中央文件中"某些群众确有实际困难要求生二胎的，经过审批可以有计划地安排"，实际上是赵紫阳"女儿户"的一种特殊表述方式。多年来，我一直批评国家计划生育委员会在这一问题上所采取的不厚道、不体面的做法。

陈慕华在给中央呈送为中央起草的 11 号文件草案的同时，以国家计划生育委员会党组的名义，还给中央写了一份《关于计划生育工作的报告》，就计划生育的背景和中央 11 号文件产生的过程，以及"女儿户"政策的具体表述与执行等等问题，作了阐述。有关"女儿户"的表述问题，报告说：

> 对于中央文件中是否要写明"只有一个女孩的夫妇可以再生一个"有两种不同的意见。一种认为，写明好，否则基层干部不好掌握；多数认为，中央政策要直接和群众见面，写明了会进一步助长重男轻女思想。我们同意后一种意见。各地农村生第二胎的比例，本着从严掌握的精神，由各地根据具体情况安排，指示中就不写生二胎的比例数了。[166]

---

165 《中国计划生育全书》，第 19 页。

166 梁中堂室藏人口与计划生育研究资料，1982020901，中共中央办公厅转发《关于计划生育工作的报告》（中办发【1982】2 号文件）。这份文件与 1982

陈慕华的这一建议也可以被认为是赵紫阳和万里的意见，因为在书记处 122 次会议上，赵紫阳和万里也都有这样的表述。问题当然不在于此，而是中央同意了陈慕华的建议，在 11 号文件里未曾明确说"只有一个女孩的夫妇可以再生一个"，而是采用"农村普遍提倡一对夫妇只生育一个孩子，某些群众确有实际困难要求生二胎的，经过审批可以有计划地安排"以后，"某些群众确有实际困难"，就成了"女儿户"的另外一种表述方式。这本该是党中央与国家计划生育委员会之间的一种约定，按说，文件作这样的表述是不应该影响计划生育部门对"女儿户"政策的具体贯彻和执行的。但是，中央 11 号文件颁发以后，陈慕华、钱信忠和王伟为主任的国家计划生育委员会却一直都把"女儿户"政策扔到一边，甚至好像中央从未提出过"女儿户"一样，果真在"某些群众确有实际困难"方面做文章，——挖空心思寻找一些在社会生活中极小比例发生的情况当作"确有实际困难"的条件，照顾允许生二胎。

我们不知道是陈慕华主动提出的，还是中央所做的人事变动。1982 年 11 号文件颁发以后，中央对国家计划生育委员会领导班子做了调整，原卫生部部长、国家计划生育委员会副主任钱信忠接替陈慕华担任国家计划生育委员会主任。因为钱信忠本就是陈慕华的副手，中央 11 号文件以"女儿户"为核心的农村政策的具体含义，本都是清楚的。但是，钱信忠走马上任后不是把工作基点放在贯彻包括"女儿户"在内的中央 11 号文件上，而是撇开 11 号文件，切实在"某些群众确有实际困难"上做文章。经过 3 个多月的活动与准备，钱信忠才在 1982 年 8 月 10 日至 16 日召开"全国计划生育工作会议"。笔者发现，因为钱信忠明显撇开 11 号文件另搞一套，党中央国务院的领导都没有按惯例参加国家计划生育委员会的工作会议。经过钱信忠的顽强活动，1982 年 10 月中央又颁发了一份新的"红头文

年中央 11 号文件不同，那是传达到全党的，而 1982 年中办发 2 号文件只发至省、军级。

件"。笔者说这是钱信忠顽强活动的结果，是因为 1982 年 2 月 9 日刚刚颁发了中央 11 号文件，从 11 号文件颁发至 5 月 4 日钱信忠接替陈慕华担任国家计划生育委员会主任，期间有 2 个月没有召开全国会议传达中央文件。钱信忠就任后，迟至 8 月 10 才召开的全国计划生育工作会议。按照中国共产党的工作规则，这次全国会议本就是为贯彻中央 11 号文件的，但是，中共中央办公厅国务院办公厅批准的中办发[1982]37 号文件是历经了 2 个多月以后于 1982 年 10 月 20 日才予以转发。我们在研究陈慕华谋求得到的 1978 年中央 69 号文件时，指出陈慕华的"会议报告"被中央压了一个多月才予以批转，反映了以华国锋为主席的党中央对陈慕华报告里明确规定计划生育政策的犹豫。而钱信忠的"会议纪要"被中央压了两个多月才以"中办发"的规格予以批复，不只表现了中央对该文件的保留，而且想象得到是经过钱信忠反复与顽强争取才得以产生的。在这份中办所颁发的 37 号文件里，1982 年中央 11 号文件给农民开的"女儿户"没有了，少数民族更宽松的可以生育 3 胎也没有了。计划生育仍然是不分城乡、不区分民族的"一胎化"。关于生育政策，钱信忠是这么说的：

会议认为，为了争取在本世纪末把我国人口控制在 12 亿以内，必须普遍提倡一对夫妇只生一个孩子，严格控制二胎，坚决杜绝三胎……

在《指示》下达之前，各省、市、自治区提出了三种情况可以生育二胎：

（1）第一个孩子有非遗传性残疾，不能成为正常劳动力的；（2）重新组合的家庭，一方原只有一个孩子，另一方系初婚者；（3）婚后多年不育，抱养一个孩子后又怀孕的。在贯彻《指示》过程中，很多省、市、自治区在上述三种情况之外，对农村又增加了四五种或六七种，主要有：（1）两代或三代单传的；（2）几兄弟只有一个有生育能力的；（3）男到女家结婚的；（4）独子独女结婚的；（5）残废军人；（6）夫妇均是归国华侨的；（7）边远山区和沿海地区的特殊困难户。

会议认为，我国地域辽阔，各地的情况差异很大，在具体政策掌握上，要分类指导，不能"一刀切"。各地已有的规定，在能够完成国家人口规划和本地区人口规划的前提下，要稳定下来，一般不要再作变动。同时，各级领导要调查研究，探索规律，争取两年左右的时间研究制定出既能有效地控制人口，又比较切合实际的条例或法律。少数民族地区要根据《指示》的精神，研究制定适合本地区情况的具体政策、办法。[167]

读者不难判断，钱信忠已经用这份中办发 37 号文件取代了中央 11 号文件，"女儿户"没有了。尤其是最后一段话，不只是否定了中央 11 号文件，而且是说各个地方以前是怎么做的，今后还可以继续这么做。

但是，即使这样，钱信忠也没有当真。1983 年，钱信忠把他所争取到的 1982 年中办发 37 号文件扔到一边，义无反顾地在全国农村搞"大结扎"，——凡是生过一胎的农村妇女必须落实以节育环为主的长效节育措施，40 岁以下生过二胎的必须结扎，凡是没有指标怀孕的即使已经 7、8 个月以上的也必须实施人工流产手术。计划生育部门简单粗暴和严重违反人道的做法，搞得民不聊生，不少妇女为躲避计划生育到外流亡。中央书记处书记、国务院常务副总理万里代表中央给钱信忠打招呼，"要他们赶快纠正一下子，加强群众工作"。但是，钱信忠"根本不重视，当耳旁风"。[168]

根据当年国家计划生育委员会副主任季宗权的一封信里反映的情况，1983 年 6 月上旬，贵州省赤水县县委决定"凡两胎以上，年龄四十岁以下的夫妇，一律作结扎手术"，造成 1000 多人进山，逃避计划生育。4 月 19 日，文华，天台公社的 100 多人，以结扎后不能劳动为由，分别到公社去要饭。中央政治局委员、书记处常务书记、

---

167 中共中央办公厅、国务院办公厅《转发〈全国计划生育工作会议纪要〉》中办发[1982]37 号，《中国计划生育全书》，第 22 页。

168 梁中堂室藏人口与计划生育研究资料，1984030300，《万里同志在全国省、市、自治区计划生育委员会主任会议上的讲话》（1984 年 3 月 3 日）。

全国人大副委员长习仲勋在这份材料上批示说，这种"作法是危险的"，要"改变这种作法"。

1983 年 8 月上旬，全国人大法制委员会的《法制来信简报》上刊登一封题为《呼吁制止计划生育中违法乱纪现象》的群众来信，"遵义市政府今年三月两次下文，凡女方四十岁以下。有两个孩子的夫妇，必须做绝育手术"。习仲勋批示说："此种现象很脱离群众"。

1983 年 8 月 27 日，习仲勋召集国家计划生育委员会党组成员钱信忠、王伟、周伯萍、季宗权集体谈话，传达中央书记处对当前计划生育工作的一些意见，要求改变计划生育工作作风，批评当前计划生育工作强迫命令，违法乱纪严重，很脱离群众。习仲勋甚至特别严厉地说计划生育是"镇压人民"，要求国家计划生育委员会注重调查研究，总结经验。[169]

因为钱信忠根本不听中央打招呼，1983 年 12 月，中央采取组织措施，免了钱信忠国家计划生育委员会主任职务，任命王伟为国家计划生育委员会主任。但是，王伟同样没有执行 11 号文件和"女儿户"政策。1984 年 3 月 22 日，王伟给中央报告中有关政策部分是这么说的：

> 二胎和多胎。一九八二年出生婴儿中，二胎和多胎各占百分之二十四点二。我们赞成"开小口子，堵大口子（指计划外二胎或多胎生育）"的意见。一九八二年规定了农村有十种情况可以生二胎，据测算，根据这一规定生二胎的只占一胎夫妇数的百分之五以下。我们考虑再增加几项，把二胎照顾面扩大到百分之十左右。对这个问题，我们调查研究不够，没有认真去抓。百分之十是对全国农村的一般要求，各地要根据实际情况，加强思想引导，通过算人口发展细账，经过试点，取得经验，逐步推开。以后随着多胎减少，照顾生二胎的口子可以继续开大一些。[170]

---

169 《季宗权 1983 年 9 月 8 日给小平、陈云和政治局常委的信》，萧振禹保存的人口与计划生育资料，19830908。
170 《中国计划生育全书》，第 26 页。

根据王伟的报告，钱信忠时代的 10 条照顾生二胎占不到每年新生儿 5%，他逐步要把其扩大到 10%。按照陈慕华"一胎化"要求农村 80%城市 90%或者农村 90%城市 95%生一胎的内涵，王伟在全国继续实行不分城乡、不分民族的"一胎化"生育政策。中央收到国家计划生育委员会的《关于计划生育工作情况汇报》后，于 1984 年 4 月 5 日召开了中央书记处办公会议。中央在会后给国家计划生育委员会下发的中央会议决定事项通知中，重申"女儿户"政策。

本世纪末把我国人口控制在十二亿以内，是一个奋斗目标，我们要努力实现这个目标，但是我国的生育政策，一定要建立在合情合理的、大多数群众拥护、干部好做工作的基础上。党的政策不能脱离实际。我们关于计划生育政策的实质，就是要逐步做到，除城市、城市郊区以外，在大部分农村地区逐步做到允许第一胎生女孩的再生第二胎。这一点只是在实际工作中掌握，不公开宣传，并要有一个缓和的渐变过程。从长远来看，如果能切实做到杜绝多胎，则允许生二胎并没有多大危险；同时，鉴于许多家庭对独生子姑息溺爱、教养不严，会使许多独生子独立生活能力很弱、任性、娇气，如果长期只允许生一胎，将来绝大多数人是独生子女，很可能影响民族的素质。因此，现行的计划生育政策，仍是一个历史阶段的政策，今后随着我国经济、文化水平等方面的提高，还可以进一步加以完善。[171]

这是中央再次向王伟提醒和重申中央 1982 年 11 号文件的基本精神，尤其是强调指出农村的生育政策是"女儿户"。但是，历史诡异的一面，就像 1982 年中央已经在 2 月 9 日颁发了 11 号文件，却又在 10 月 20 日由中办转发一个 37 号文件而湮没 11 号文件一样，1982 年 4 月 5 日中央以会议事项通知的形式重申了 1982 年中央 11 号文件中的"女儿户"的政策规定，却在 4 月 13 日颁发了一份同意

---

171 梁中堂室藏人口与计划生育研究资料，1984040500，《中央会议决定事项通知》。

国家计划生育委员会《关于计划生育工作情况汇报》的 1984 年中央 7 号文件，因为其中压根没有"女儿户"的影子，甚至连 1982 年中央 11 号文件对"女儿户"特殊提法都没有，等于用 1984 年中央 7 号文件湮没了 4 月 5 日下发的中央书记处办公会议的事项通知。

王伟穿新鞋走老路，解决不了陈慕华与钱信忠时代的问题，计划生育强迫命令的事态继续存在。1984 年 1 月 24 日，胡耀邦在中央办公厅秘书局的《综合与摘报》第六期刊登的《陕西渭南地区在推行绝育措施上搞强迫命令》一文上批示："请王伟同志同陕西甚至别的省打打招呼。工作要作得合情合理，为广大群众同情才好。这也是过硬的功夫。"[172]

1986 年 1 月 24 日，中纪委"信访简报"第 17 期反映山东省苍山县农村用"连坐法"搞计划生育的情况，习仲勋批示说："真是骇人听闻。如果属实必须立即纠正，并对那些明火执仗，抄家劫舍，打骂群众的干部予以严肃处理，直至绳之以法。"[173]

一直到 1988 年 1 月 21 日，中华人民共和国主席颁布命令任命彭珮云担任国家计划生育委员会主任，免去王伟的国家计划生育委员会主任职务，王伟时代的计划生育政策也仍是在照顾生二胎的比例占新生儿 10%的幅度上打转。[174] 随着国家计划生育委员会领导的更替，以国务委员、国家科委主任宋健为核心的一批人反而指责王伟离开了"一胎化"，并把对计划生育政策的争论公开化。1988 年 3

---

172 梁中堂室藏人口与计划生育研究资料，1984012400，《胡耀邦同志对〈陕西渭南地区在推行绝育措施上搞强迫命令〉一文的批示》。

173 萧振禹的《计划生育大事记》。

174 从 1982 年 2 月 9 日中央颁发 11 号文件确定农村实行"女儿户"政策，到 1988 年彭珮云开始在全国普遍推行，历经了陈慕华、钱信忠、王伟三个国家计划生育委员会主任的时代，前后长达 7 年的时间。期间 3 任国家计划生育委员会主任拒不执行中央政策而要求实行自己提出的政策，中央竟然还都能办法新的文件予以同意，这在中国共产党的历史上是绝无仅有的。对此有兴趣的读者可以阅读拙著《艰难的历程：从"一胎化"到"女儿户"》（载《开放时代》杂志 2014 年第 3 期）和我的自印本《谁主沉浮？——中国现行生育政策的决策体制与机制研究》。

月 31 日，中央总书记赵紫阳主持召开政治局常委第 18 次（扩大）会议，重申现行计划生育政策。赵紫阳在会议上说：

> 这个政策全面地讲就是提倡晚婚晚育、少生优生，提倡一对夫妇只生育一个孩子。国家干部和职工、城镇居民，除特殊情况经过批准者外，一对夫妇只生育一个孩子。农村某些群众，确有实际困难，包括独女户，要求生二胎的，经过审批，可以间隔几年以后生二胎，不论哪一种情况，都不能生三胎。少数民族也要提倡计划生育，具体规定由有关省、自治区根据当地实际情况来制定。[175]

读者不难看到，赵紫阳重申的"现行的计划生育政策"，仍然是 1982 年中央 11 号文件所承载的政策。根据彭珮云的说法，赵紫阳在会议上还强调说："农村独女户在有间隔的条件下可以生两胎，这个政策要执行一个相当长的时间"。因为彭珮云领会了中央精神，即使发生了 1989 年夏天的那场政治风波，顶着"'女儿户'是赵紫阳的政策"的压力，坚持把全国农村生育政策普遍推及到"女儿户"。

中国农村普遍实行"女儿户"的政策一下子解放了农村将近一半的农民，这是在严格的"一胎化"政策基础上的一个大跨步，是一个进步。但是，必须认识到，包括"女儿户"在内的现行的计划生育政策并没有突破"一胎化"的藩篱，相反，它还是在陈慕华提出的"一胎化"基础上的政策调整。首先，城镇人口还是"一胎化"。其次，1982 年中央 11 号文件关于农村人口的生育政策也首先强调"农村普遍提倡一对夫妇只生育一个孩子"，然后才是包括"独女户"在内的"某些群众实际困难要求生育二胎，经过审批可以有计划地安排"。说明农村无论生二胎的比例有多高，它都是在"一胎化"政策基础上的照顾和放宽，而不是挣脱了"一胎化"。

---

175 梁中堂室藏人口与计划生育研究资料，1988041800，《彭佩云同志在中国计划生育协会第二届理事会第三次会议开幕时的讲话》，第 10-11 页。

第十节

结束语：中国现代人口学浪漫主义批判

陈慕华主管计划生育，自 1978 年 6 月担任国务院计划生育领导小组组长开始，至 1982 年 5 月卸任国家计划生育委员会主任职务为止，先后 4 年的时间。1979 年 6 月，陈慕华继 1978 年中央 69 号文件"最好一个最多两个"，进而提出"一胎化"的生育政策。"一胎化"就是一对夫妇终生只准许生育一个孩子，其内容简单、易懂，便于计划生育部门的管理和执行，所以至 1981 年 3 月 6 日，全国人大常委会通过决议撤销临时性机构国务院计划生育领导小组而设置属于国务院组成单位的权力机关国家计划生育委员会，就标志着一个新的制度已经在全国建立和形成。这个新制度叫计划生育，以"一胎化"的生育政策为基础，以管制国民的生育行为并减少出生人口为目的，以向居民发放生育指标为主要管理内容。这一制度自 1979 年 6 月开始，至 2015 年 12 月中央出台"普遍二孩"的政策为标志结束，存在了 36 年，历经了三个阶段。第一阶段，自 1979 年 6 月陈慕华提出"一胎化"至 1982 年 2 月颁布中央 11 号文件，计划生育部门积极推行严格的"一胎化"政策，属于经典的"一胎化"时代。第二阶段，自 1982 年 2 月至 1988 年 3 月 31 日赵紫阳主持中央政治局第 18 次常委（扩大）会议，期间钱信忠和王伟两任国家计划生育委员会主任分别经中央批准制订一些条件照顾生二胎，是非经典的"一胎化"时代。第三阶段，自 1988 年 3 月 31 日至 2015 年 12 月中央出台"普遍二孩"政策而终结计划生育，先是彭珮云把 1982 年中央 11 号文件所明确的以农村"女儿户"为核心的现行的计划生育政策推行至全国，自后属于稳定现行的计划生育政策时期。因为"女儿户"政策也是以"一胎化"为基础的，所以，将近 30 年的彭珮云与后彭珮云时期的现行计划生育政策也只是城乡有别的"一胎化"时代。

虽然陈慕华主管计划生育只有短短的 4 年时间，但是，因为她提出并大力推行的"一胎化"生育政策，很快就在全国建立起一个管制国民生育行为的计划生育制度。这个制度经 1982 年党的第十二次代表大会确认为新中国的基本国策，前后历经了 36 年，占据 2015 年以前总共 66 年的新中国历史的一大半，从而是创造了一个新时代。

陈慕华之所以能在很短的时间内开创一个新时代，当然不只是因为陈慕华个人的工作能力。毫无疑问，陈慕华是有很强的工作能力的。但是，工作能力再强的陈慕华也仅只是一位政治局候补委员、国务院副总理，在中国共产党的领导集团里是不足以创造和引领新时代的。陈慕华能够成就大事业，开创并引领了一个新时代、大时代，最根本的原因还是新中国所具有的特别的国家制度。——由毛泽东缔造的新中国，东、西、南、北、中，党是领导一切的。这是新中国的基本制度。尤其是计划生育工作，从 1957 年中共中央公开在《一九五六年到一九六七年全国农业发展纲要（修正草案）》中提出"除了少数民族地区以外，在一切人口稠密的地方，宣传和推广节制生育，提倡有计划地生育子女"开始，到 1982 年 2 月 9 日中央 11 号文件规定"对于少数民族，也要提倡计划生育"为止，计划生育从以大城市为主的个别地方推及全国，始终都是由党中央国务院领导的一项政策性极强的具体工作。政出中央，这是新中国的国家基本制度，而计划生育工作尤为如此。陈慕华之所以能在主管计划生育工作的极短时间里创造了一个新制度，开创出一个新的时代，是因为陈慕华的中央政治局候补委员、国务院副总理的身份，它表明其所提的政策是代表党中央国务院的，从中央到地方的各级党政机关也都是把她提出的"一胎化"当作中央政府的政策予以执行的。

计划生育本是中国政府的一项具体工作，但是，1979 年新执政的领导集团出于推行极端的计划生育政策和正在形成的管制国民生育行为的计划生育制度的需要，把新中国最初约 30 年因为大规模转向现代化而必然产生的人口快速的自然增长说成是毛泽东时代的错误，通过新闻媒体和马寅初的家属，制造了一个马寅初政治事件。这个政治事件神化了马寅初，说马寅初最早提出了计划生育的主张，毛泽东先是接受了马寅初的建议而后又反悔批判了马寅初。50 年代，中国 6 亿多人口。1979 年，已接近 10 亿人。"错批一人，误增三亿"。可见拥有一个正确的人口学何其重要！笔者在《回首西州路》里所阐述的人口学霸权主义，就是在这样的背景下产生的。其实，与此同时，中国现代人口学还产生了一种浪漫主义。1984 年春节后，笔者向中央总书记胡耀邦上书建议实行"晚婚晚育加间隔和普遍允许生二胎"的生育政策，以及后来争取到的翼城县的计划生育试点，企图从外部给政府提供一项由学者设计出来的政策建议与工作样板，都属于典型的中国现代人口学的浪漫主义。2008 年，美国 Susan Greenhalgh 教授的"一胎化"源于宋健说，认为邓小平接受了国防科技专家宋健的科学建议制订了"一胎化"，表明中国已经有了科学与民主决策，也是一种浪漫主义。因为她的书是在中国大陆与学人访谈的基础上撰写出来的，其基本观点都是转述国内流传的已有说法，所以是出口转内销式的中国现代人口学浪漫主义。

还有高级版的人口学浪漫主义。以中国人口学会会长，中国人民大学一级教授、社会与人口学院原院长、人口与发展研究中心原主任翟振武教授为代表，认为中国生育政策"除了 20 世纪 80 年代初短暂的几年外，1984 年以来，全国一直执行的是有地域差别的计划生育政策"[176]，则是处在新中国国家体制内的塔尖顶端阁楼里的大学教授的天真烂漫，既不懂中国的基本国情，又不了解中国计划生育的历史。

中华人民共和国是由中国共产党领导的高度统一的国家制度，党的领导和统一是新中国社会最为重要的特征，尤其计划生育政策，从始至终都是由党中央决定而由国务院严格管理的，其基本的事实

---

176 翟振武《〈八百万人的实践〉序言》，《八百万人的实践》，第 3 页。

恰恰是全国统一的中央政策，——即使 1982 年中央 11 号文件中的政策有了城乡差别，有了人口在 1000 万以上的大民族与少数民族之间的具体生育政策的差别，那也是由中央统一制订出来的政策差别，而不是、也不允许各地以"地域差别"为由而各自产生出来的政策差别。

不错，至少从形式上看，这一制度是通过各个省、市、自治区的计划生育法规管理居民生育的，——用国家法规的方式规范和管制国民的生育行为，是陈慕华建立的计划生育制度的一个重要特色。因为《中华人民共和国计划生育法》是 2001 年才经全国人大常委会审议通过的，而早在此以前，各个地方都已经有了地方的计划生育法，所以，以地方法的形式推行计划生育，是我们走过的很长一段路程。这都是事实。

也许翟振武教授 80 年代中后期开始进入人口与计划生育领域时，所看到的就是在没有上位的国家法的情况下，各个省、市、自治区都先有了本地的计划生育法规，所以才说"1984 年以来，全国一直执行的是有地域差别的计划生育政策"。但是，历史常常有诡异的一面，70 年代末 80 年初（不是翟振武教授说的 1984 年）在缺失上位的国家法的情况下，首先产生出各个省、市、自治的计划生育法规，以地方法规的形式落实和执行中央统一的政策，这才是问题的实质，中国制度的特征。请听笔者的陈述。

在计划生育立法过程中，《中华人民共和国计划生育法》的起步并不比地方晚。笔者手上就有一份 1979 年 5 月 20 日的《中华人民共和国计划生育法（讨论稿）》[177] 和一份 1979 年 7 月 31 日的《关于中华人民共和国计划生育法的说明》[178]，——需要指出的是，这两份文献并不配套。笔者手上的这份"讨论稿"系中文打印稿，而且旁边

---

177 梁中堂室藏人口与计划生育研究资料，1979052000，《中华人民共和国计划生育法》（讨论稿）。
178 梁中堂室藏人口与计划生育研究资料，1979073100，《中华人民共和国计划生育法（讨论稿）的说明》。

有钢笔手写的"唐村"二字，而后一份"说明"则是铅印稿。这就是说，后面的"说明"并非是对笔者手上的这份 1979 年 5 月 20 日的"讨论稿"的说明。1979 年 5 月 20 日，绝大多数省、市、自治区都还没有酝酿起草地方的计划生育法呢。考虑到 1979 年 1 月 17 日陈慕华在全国会议上仅列举了广东和天津两个地方在 1978 年采用地方政策管理计划生育，而不是法规，所以有理由认为陈慕华的全国的计划生育法草案要比所有的地方的法规草案提出的都要早，——70 年代后期，地方也都没有足以产生地方法规的法学人才。所以，地方通过立法规范居民的生育行为是在陈慕华的启发和指导下才出现的。

不过首先必须说，用法的形式规范与管制国民的生育行为恰恰是不符合现代国家文明的基本原理，是与现代国家法的法理相违反的，所以是错误的。

现代国家法是现代国家文明的主要标识，马克思和恩格斯都给予过高度评价。马克思恩格斯高度评价现代国家法，不是说传统时代没有法。不是的。自从国家文明以来，就有了法。国家是一种暴力机器，国家暴力和强制就是法。但是，传统时代与现时代的法所体现的本质、本源，都绝然不同。读者都熟悉法王路易十四的名言："我就是我自己的首相"。朕即国家，即是法律，这既是路易十四经常的口头语，也是传统时代的国家准则。封建时代的法，是由国王或者皇帝颁布的，他的一句话就是法律，它是代表国王等少数人利益的。从北美独立战争和法国大革命所开启的世界近代史把这一切都改变了，——笔者说其改变，当然还不是社会现实，这需要一个长的历史过程。但是，这两次具有划时代意义的大革命首先喊出了人人平等的口号和打出了基本人权的旗帜，用"一切权力属于人民"这一基本原则塑造了现代国家。这是现代国家文明的两块基石，是一切国家政策、法律和制度的基础和前提，由此人类才进入一个新时代，新纪元。

自由生育是人类社会的传统，罗马法将其视之为自然法。现代国家法自然沿袭了这条法律，将其视之为基本人权。上个世纪 60 年代以来，因为以联合国人口基金为主的国际社会在发展中国家推行节制生育运动，所以有许多个国际公约都明确宣称生育权为基本人权。基本人权即是每一个人生而具有的、不可剥夺的权利，包括不能用法律剥夺的权利。中国在一个阶段里产生出计划生育法，用法律剥夺人民的自由生育权，是因为我们还处在落后的阶段，不懂得和不了解现代国家文明与法治社会的这些基本原理、基本道理。2012 年，笔者曾写过《生育法是中国法学家的耻辱》，就是因为改革开放以后，早已经变得非常强大的中国法学家队伍，竟然没有一个法学家站出来说计划生育法是违反现代国家法基本原理的，尤其是那些从西方学成归国的法学家竟都没有人指出计划生育法是违反现代国家法法理的，说明貌似强大的中国法学家队伍其实还弱小与幼稚到不配称法学家的程度。

当然也不是说所有的中国人都不懂。

笔者就把各个省、市、自治区的计划生育条例都出现了数十年以后，《中华人民共和国计划生育法》直到 2001 年 12 月 29 日才经全国人大常委会审议通过的最初原因，归结为彭真的抵制。彭真从新中国的建国之初就分管公、检、法工作，八大以后任中央政法小组长，相当于现在的中央政法委书记。文化大革命开始以后，彭真又是早于刘少奇、邓小平而首先被整肃的党和国家领导人，文革后被解放得又相对晚一些。所以，历史决定了彭真是对国家现代法思考最多，认识最深刻的一位国家领导人。

虽然没有看到彭真反对计划生育，但是，他可能认识到制订一部国家计划生育法于法理上是不合理的，甚至意识到在现代国家法律体系中放置一个计划生育法，势必破坏了国家法的内部和谐一致的原则。所以，尽管 1978 年通过的《中华人民共和国宪法》里明文规定"国家提倡和推行计划生育"[179]，但是，从 1979 年 1 月开始，彭

---

179 笔者特意核对了《中华人民共和国宪法》第 53 条"国家提倡和推行计划生育"，是 1978 年 3 月 5 日经五届全国人大一次会议通过的，而根据《彭真年谱》，1979 年 1 月中央决定，建议全国人大常委会设立法制委员会，彭真

真担任分管的全国人大法制委员会的领导和副委员长，1983 至 1988年又担任全国人大常委会委员长，期间长达约 10 年的时间，《中华人民共和国计划生育法》有过许多个"讨论稿"，但始终都未能列入到全国人大常委会的立法程序。

那么，期间的地方计划生育法为什么能够迅速产生？因为《中华人民共和国宪法》第一百条和第一百一十六条分别规定，各个省市和自治区的人民代表大会"可以制定地方性法规"，而全国人大常委会与各个省、市、自治区的人大常委会又没有隶属关系，再加上彭真也不是从国家现代法的法理上清晰地理解了计划生育的本质，不可能反对计划生育，所以，各个省、市、自治区的计划生育法就在有关部门的推动下先于国家计划生育法出现了。

读者可能要问，彭真是 1988 年不再担任全国人大常委会委员长的，至 2001 年颁布《中华人民共和国计划生育法》，期间长达 13 年的时间，国家计划生育法为什么没有更早产生？这有两个原因，一是各个省、市、自治区的计划生育法已经产生了，计划生育工作已经以法的形式在基层实施了，有没有一部国家法已经不具有实质性的意义了。另外一个重要原因是，计划生育法的实质是以法的形式确定居民的生育数量，用法律管束国民生育行为，但是，经典的"一胎化"阻力太大，后来的"女儿户"也必然分裂需要表决的全国人大常委会，常务委员们一定会因分别主张"一胎化""女儿户"和"普遍二孩"等等划分出许多个派别而争吵不休，以致因为票数不集中使得任何一种方案的草案都无法得到通过。所以，即使彭真从全国人大常委会委员长的职务上退下来以后，国家计划生育法的立法工作也没有任何进展。

难道地方立法的过程里就没有生育子女数量的障碍？是。我们

担任主任。1979 年 7 月 1 日，五届全人大二次会议补选彭真担任全国人大常委会副委员长。所以，1978 年通过的《中华人民共和国宪法》中有关计划生育的条款，与彭真没有关联。《彭真年谱》第五卷，中央文献出版社，2012 年，第 2、28 页。

已经指出，地方法规必须首先体现中央统一的原则，这是中国的基本制度。无需用过多的话语说明，全党、全国都要服从中央的领导，这也是现阶段的新中国能够担任省一级人大代表和人大常委会委员的基本条件。所以，在国务院计划生育管理部门（1981 年 3 月以前叫国务院计划生育领导小组，自后叫国家计划生育委员会）的具体指导下，各个省、市、自治区的计划生育法在缺失上位的国家法的情况下产生了。所以，地方法在缺失上位的国家法的情况下得以产生，恰好是因为中央的统一领导，而不是"地域差别"。

2001 年 12 月 9 日，《中华人民共和国计划生育法》被九届全国人大常委会第 25 次会议审议通过，也是因为回避了允许国民生育几个孩子的具体内容。请读者听笔者讲一个亲历的故事。

早在 2006-2007 年的《"一胎化"产生的时代背景研究》一文里，笔者就把《中华人民共和国计划生育法》的产生归之于彭珮云。首先必须说，这是事实。早在国务委员、国家计划生育委员会主任的位置上转任全国人大常委会副委员长以前，彭珮云就已经布局到全国人大以后，要启动计划生育立法工作。1998 年 3 月，九届全国人民代表大会第一次会议上，彭珮云当选为全国人大常委会副委员长。1998年仲秋时节，彭珮云在北京市昌平县召集国家计生委专家委员会的部分专家委员讨论《中华人民共和国计划生育法草案》。因为在没有国家上位法的情况下，各个省、市、自治区都已经有了计划生育法，各自也都已经明确了生育胎次问题，或者换句话说，要求国民生育几个孩子的实质问题，早就在各个省、市、自治区的计划生育条例里解决了。所以，彭珮云提交给我们讨论的草案里已经不需要涉及这个问题，用了类似于"具体办法由省、自治区、直辖市人民代表大会或者其常务委员会规定"[180]的文字表述。应该说，这是彭珮云的大智慧。会议期间的一个晚上，主办者要为彭珮云办个文娱活动，但因会议规模小，人员凑不起来。我是在房间里接到国家计生委的司长的很不高

---

180 《中华人民共和国计划生育法》。

兴的电话通知以后，赶到歌舞厅的。可能操办者见来的人勉强可以撑起场面了，才陪同彭珮云副委员长走进来。彭珮云果然喜欢唱歌。等老人家唱了一首慷慨激昂的歌曲以后，我请老人家跳了一支两步舞曲。期间，我对她说，因为草案回避了具体的生育胎次，一定能得到常委会的通过。但是，制订一部这样的法，还是解决不了基层干部与群众的矛盾。我之所以这样说，是因为彭珮云在会议开始时解释为什么要制订《中华人民共和国计划生育法》的时候，是说刚刚通过并很快得以执行的《中华人民共和国行政诉讼法》允许民告官，而地方的计划生育法缺少一部上位的国家法，基层干部就面临着一种不利的局面。

总结以上所论，计划生育政策始终都是由中央决定的，即使 2001 年《中华人民共和国计划生育法》颁布以前，缺失一部上位的国家法，各个省、市、自治区的法规也是在国务院主管计划生育工作的机构的具体指导下，依据中央精神制订的。具体来说，1978 年至 1982 年 2 月中央颁发 11 号文件期间的地方性法规，以 1979 年 6 月陈慕华提出"一胎化"为线划分为两段，前一段产生的地方法规是为了贯彻 1978 年中央 69 号文件"最好一个最多两个"的生育政策，后一段是为了贯彻"一胎化"。1982 年 2 月中央 11 号文件至 1988 年 3 月 31 日中央政治局常委第 18 次扩大会议期间的地方立法，以 1984 年 4 月中央 7 号文件为线也划分为两个阶段，前一段的各地立法是贯彻钱信忠所争取到的 1982 年中办发 37 号文件里的 10 种情况可以照顾生二胎，后一段是贯彻王伟所争取到的 1984 年中央 7 号文件。1988 年 3 月 31 日中央政治局第 18 次常委会至 2015 年 12 月中央提出"普遍二孩"，期间各个省、市、自治区分别都有过许多次立法活动，包括 1988 年至 90 年代初，彭珮云在全国推行"女儿户"政策，以及在九届全国人大常委会副委员长彭珮云的推动下于 2001 年颁布《中华人民共和国计划生育法》以后国家计生委推动地方依据上位的国家法进一步完善地方法的新一波立法活动，其生育政策都是贯彻落实 1982 年 2 月中央 11 号文件中以农村"女儿户"为核心的现行的计划生育政策的。

　　总而言之，1978 年陈慕华主管计划生育以后所建立起的管制国民生育行为的计划生育制度，始终都是全国统一与强制的中央政策，而不是、也不可能是翟振武教授所说"1984 年以来，全国一直执行的是有地域差别的计划生育政策"。

　　　　　　　　　　　　　　2024 年 1 月 20 日至 6 月 5 日